聆听 校园拔节的声音

李东海 ◎ 著

吉林人民出版社

图书在版编目(CIP)数据

静听校园拔节的声音 / 李东海著. -- 长春：吉林人民出版社, 2020.6
ISBN 978-7-206-17207-6

Ⅰ.①静… Ⅱ.①李… Ⅲ.①教育管理-研究 Ⅳ.①G40-058

中国版本图书馆 CIP 数据核字 (2020) 第 105877 号

静听校园拔节的声音
JINGTING XIAOYUAN BAJIE DE SHENGYIN

著　　者	李东海		
责任编辑	王　丹	封面设计	陈富志

吉林人民出版社出版 发行（长春市人民大街 7548 号） 邮政编码：130022
印　　刷：定州启航印刷有限公司
开　　本：710mm×1000mm　　1/16
印　　张：10.5　　　　　　　　字　数：133 千字
标准书号：ISBN 978-7-206-17207-6
版　　次：2020 年 6 月第 1 版　　印　次：2020 年 6 月第 1 次印刷
定　　价：45.00 元

如发现印装质量问题，影响阅读，请与印刷厂联系调换。

李东海的"变"与"不变"（代序）

与东海老师相识已是 20 多年前的事了。那时，他还是 20 岁出头的意气风发的"小青年"，经人引荐，成为山东省北镇中学的语文教师。试讲时，我被他的满腹经纶、书生意气以及为人谦和的态度感动，认定这是一个能在语文教学领域有所建树的不可多得的人才。但"好景不长"，由于文笔漂亮、为人实在，不久后他就被学校办公室安排为秘书。当时，我为这种安排感到十分惋惜。在我的观念里，一个文字秘书容易找到，一个优秀语文教师不可多得。但是，东海老师是一个有远大志向的年轻人，他并没有因为职位的变迁而改变初心，而是继续关注、认真研究学校的教育教学，在"变"与"不变"中保持着行进中的平衡！

时隔多年，没想到，我再次与东海老师产生了深刻的共鸣。同在山东共事时，我们时常就教育教学、学生管理碰撞智慧，我们对教育有着太多的共同语言。世事变迁，光阴流转，在教育生涯的浮浮沉沉中，我们都被推到了不同学校的领导岗位。见字如面，文如其人，阅读东海的这本《静听校园拔节的声音》，我仿佛看到了一位意气风发的年轻人蹚着岁月长河朝我走来，那模样沉稳成熟了许多，但眼神依然坚定明亮。

他变了，对教育的理解更加宏大、深刻。百年大计，教育为本，他将教书育人与国家人才培养紧密结合，紧扣国家教育方针政策，培养"德智体美劳"全面发展的学生，将厚重的家国情怀落实在课堂中，落实在活动中。在这一人才培养目标下，北镇中学初中部的课程体系、师资队伍、管理模式进行了大刀阔斧的创新。科技型、运动型学校建设，德育教育，学生综合实践课程，对教师的考核评价体系，在这些点滴细节中，东海时刻刷新着自己的观念，并带领团队勇敢地迈出了第一步。他紧扣时代脉搏，响应国家号召，通过热火朝天的改革，走出了一条独具特色的道路。这样的他，与多年前相比，思路更开阔了，眼界也更宽了。学校在他的带领下正朝着更高的目标迈进！这几年北镇中学初中部的办学成绩和社会声誉足以证明这一点。

可是，他也没变。教育初心未改，拼搏斗志未消。他对学生的负责与呵护体现在高效课堂建设中，体现在对教育部出台的《中小学教师实施教育惩戒规则（征求意见稿）》的辩证思考中。"好的教育必然是宽严并济、奖惩分明的，好的老师必然是管教同步、严慈同体的。"多么熟悉的声音，多年前我们在探讨学生管理时就是如此默契。他在繁忙的工作中发现管理者和教师有一个非常重要的任务——牵着蜗牛去散步，不疾不徐，不慌不躁，耐心等待学生绽放个性光彩，细品校园生态里的每一个细节，陪伴学生度过这段美好的成长时光。这份情怀，若不是真正爱护学生，是不容易"修炼"出来的。

他的没变还体现在扎扎实实啃"硬骨头"，实实在在"揪问题"上。通过阅读这本书，我了解到，这些年他也经历了很多坎坷波折，但每次遇到困难，他都毫不退缩，迎难而上，带领团队想办法、冲出困境。经历一次次浴火重生，他领悟了教育与治学更加深层的含义，越来越接近自己的教育初心。他也是敢于反思剖析自己的实在人，有一说一，不掩饰、不避讳，从问题根源找原因、想办法，这也是他能一次次成功突围的重要因素。他的这些品质，多年前我就非常欣赏，如今历经岁月磨炼而丝毫不变，实属难得！

不忘教育初心，牢记育才使命。身为教育同人，我们亦师亦友，在一线实践中潜心育人、凝练经验，同时笔耕不辍，用无私分享照亮他人办学思路。这正是热爱教育事业的同人共有的特质。一枝独秀不是春，百花齐放春满园。望心系教育的读者从这本书里汲取些许营养，丰富教育实践，为祖国培养出更多优秀人才！

范胜武

2020 年 1 月

前　言

高高飘扬的旗帜上镌刻着历代师者的赤诚与心血

汗水铺就的道路上承载了万千学子的青春与梦想

枝繁叶茂的紫藤与白蜡见证了多少成长的故事

当又一年春风吹绿校园，柳絮飞起

孩子们自信的笑脸、跳跃的身影

和着春风与阳光，在校园里拔节成长

岁月的河流流淌出五彩斑斓的情节

事关迷惘与痛苦、质疑与探索

事关追寻与奋斗、理想与家国

事关一个微笑、一滴眼泪、一首诗歌

我们热爱琅琅读书声穿越校园的树梢与时空

热爱教学楼奋斗的灯光照亮前行的路

我们热爱粉笔的轨迹、琴弦的旋律

热爱脚下这片土地

　　和她培育的希冀

李东海

2020 年 1 月

目　录

第一辑　教师篇（与学生共成长） 1

搭建平台，让孩子尽情表演 3
反思——教师成长的起点 10
腹有诗书气自华 12
高效课堂构建 16
怀念张老师的教鞭——对教师惩戒的几点认识 21
坚守是教育的底色 26
建立温暖的师生关系 30
建立最紧密的统一战线——谈家校间的合作 35
教学相长，与学生一起成长 39
开设阅读课的尝试 45
认清问题，找准方向——2019年北京封闭培训动员讲话 49

第二辑　学生篇（每个孩子都与众不同） 55

爱国从小事做起——升旗仪式上的讲话 57
成就最好的自己——升旗仪式上的讲话 60
奋斗吧，少年——2018年新年贺词 63
开学第一课——升旗仪式上的讲话 65
励少年壮志，筑无悔青春——在2018级新生开学典礼仪式上的讲话 ... 68
每个孩子都是独一无二的存在 72
"能扛事"比"能做事"更重要——写给儿子的信 78

1

牵着蜗牛去散步——教育是一种慢艺术 ················· 82
校长须树立"培养德智体美劳全面发展的学生"的教育观 ········· 88
研学——行走在路上的课堂 ······················ 96

第三辑　管理篇（俯下身子搞管理） ················ 103

从课堂走向课程——初中校本课程体系构建思考与实践 ········ 105
刚性的制度，温暖的人情——谈学校的制度建设及执行 ········ 114
提炼学校丰富文化内涵，积极应对各方面挑战——入职讲话 ······ 118
文化是学校的灵魂 ·························· 125
我们立身的根本在课堂 ······················· 129
在学校工作的每个成员都是教育者 ·················· 132
以身示范——中层干部的着力点 ··················· 135
中学生核心素养落实途径多元化的研究与实践 ············· 138
转化"学困生"的方法研究 ····················· 144
重视体育教育 ··························· 153

后　记 ····························· 157

第一辑　教师篇
（与学生共成长）

　　百年大计，教育为本；教育大计，教师为本。在日新月异的今天，社会进步和科技发展一日千里，知识更新周期不断缩短。教师作为"人类文明的传承者"，必须与时俱进、刻苦努力，不断汲取营养，提升自身素质和能力，如此才能撑起"传道、授业、解惑"的门面和体面。

搭建平台，让孩子尽情表演

马斯洛将人的需求分为了五个层次，分别是生理需要、安全需要、社交需要、尊重需要和自我实现需要。其中，自我实现需要是最高层次的需要。人类与生俱来就有一种积极的自我表现欲，想要将自己的成绩、智慧展现在众人面前，以此获得他人尊重，使自己的精神得到满足，这是人类不断前进、事业不断获得成功的内在动力。处在成长期的青少年表现欲更为强烈，引导得法、得当是教育者贯穿教育过程的要务。为了将学生的表现欲全面激发出来，教师需要及时并恰当地给学生提供展现自我的平台。

一、立足课堂创设条件与环境

（一）设定情景，为孩子提供展现舞台

在传统课堂教学中，作为学习主体的学生时常处于一种应付的被动状态，久而久之，便会逐渐失去主体意识，无法获得主动发展。要想让学生在教学中主动投入、积极参与，关键是培养其主动学习的主体意识，根据教学的内容创设特定的情景，让学生在这一情景中化被动为主动。

在教授《唱脸谱》这首歌曲时，教师可以为学生量身创设特定情景：按照歌词选择不同颜色的脸谱，让学生扮演成歌曲中的角色来演唱。比如，蓝脸的窦尔顿、红脸的关公、黄脸的典伟等。这样，在表演时，学生无论是自己扮演角色还是作为观众，都会非常兴奋，如临其境，课堂气氛会非常热烈。在这样的情景中，学生会自然投入角色，成为课堂的主角。

让学生扮演所教授内容中的"角色"，不仅满足了学生情感方面的需求，

▶ 静听校园拔节的声音

还顺应了学生认知活动的规律，学生会在扮演角色的意识的推动下，投入角色中，逐渐从"扮演"转变为"进入"，从"被动"转变成"主动"，进而形成一种主体意识，成功展现自我。这种扮演"角色"的方式在文科教学中多有用到，效果显著。

（二）参与教学，让课堂充满生机与活力

在课堂教学中，教师教授、学生学习是一种再自然不过的现象。然而，这种传统的教学模式已经"精疲力尽"，那应该建立一种什么样的课堂模式呢？我校各学科根据学科特点积极进行探索，真正让学生参与课堂教学，达到了高效课堂的目的。

第一，邀请学生参与课堂问题设计。让学生从教师的角度出发思考问题，参与教学设计，这样不仅能调动学生学习的积极性，还能拉近师生的关系，擦出意想不到的火花。在课堂教学中，问题的设计是最为关键的步骤。要想准确找到问题设计的突破口，学生是最有话语权的。既然如此，教师在设计课堂问题时，不妨邀请学生发表自己的意见，认真聆听后在教学中贯穿。如果在课堂教学中及时说出这个问题是由哪一位学生提出的，那么这位提出问题的学生不仅会充满自信，还能促使其探知欲更上一层楼。此外，还能刺激其他同学积极参与课堂教学问题的设计。

第二，学生授课，展现自我能力。在教学过程中，教师不是时刻都站在讲台上的，也要到学生中去参与交流和讨论，而学生也能站到讲台上，发表评论或进行演讲。我们可以将一些难度较小、理解起来较容易的"框题"交给学生来准备，并为这些做准备的学生提供充足的资料，放手让他们到讲台上讲课，自己则坐在学生的座位上听课。在这个过程中，学生可以让教师回答问题，教师也可以向同学提出疑问。这种形式能够提高学生认识教材、分

析教材的能力，提高学生的学习兴趣，同时增强学生主动学习的能力。不仅如此，讲课的过程还能让学生的主体性全面发挥出来，丰富他们的知识，提高他们的能力。

（三）学习方式任你行，提供自我展现机会

义务教育语文课程标准对自主学习和学习方式有着这样的论述："学生是语文学习的主人，语文教学应激发学生的学习兴趣，注重培养学生自主学习的意识和习惯，为学生创设良好的自主学习情境，尊重学生的个体差异，鼓励学生选择适合自己的学习方式。"

为了紧跟新课标要求，很多教师主动探索新的教学方式，让学生自主选择适合自己的学习方式。的确，学生的展现欲望是我们无法预料的，他们会选择自己认可的方式，将自己内心的情感表达出来。在教授《背影》一文时，为了让学生更深入地体会这篇课文，教师鼓励学生用自己的方式来表达对亲情的感受。有的学生通过高声演唱《烛光里的妈妈》这首歌曲，抒发出自己对妈妈的爱，有着较强的震撼力；有的学生通过创作诗歌的方式，抓住生活中的细节，作品读来让人动容；有的学生通过素描的绘画方式，展现出生活中相处的场景，温馨而甜蜜。学生展现的方式多种多样，让人惊讶。

在为学生搭建一个展现自我的平台的过程中，我们要始终秉承着以人为本、发展自我的理念，找到一个在知识获取、能力形成过程中的驱动力，让学生在这个平台上，充分展现自己的能力，建立良好的自我形象，并超越自我，激励其不断前进，成为社会真正需要的人才。

二、挖掘课堂外活动资源，搭建平台

学生的潜能能够发生和表现离不开活动这个基础。学生一旦有了活动空间、展示舞台和选择的自主权，就能获得更多的感知、观察、思考和探索的机会。

▶ 静听校园拔节的声音

在活动实践中，学生不仅能够发现自己的不足，调整自己制定的目标，还能使获得的教育内容、外来的知识融会贯通后成为自己的知识和能量，并在展示过程中得到发展和提升。

为了给学生提供一个良好的展现自我的平台，教师要肯下功夫，挖掘活动因素，设计多样性活动，丰富活动平台的类型。

（一）组织竞赛活动

组织知识竞赛是激发学生学习兴趣的一种手段。在一个班级里，有激励便有竞争，教师可以采取和别人竞赛、和自己竞赛等多种方式组织竞争活动。竞赛活动可以学科组为单位，十多门学科每学期都可组织一次。组织完了，要充分利用好结果，积极进行宣传与表扬。

（二）才艺表演

学生喜闻乐见的课外展现自我的形式为才艺表演。这一形式不仅能使学生的业余活动丰富多样，还能培养学生的自信，让学生在表演中增强自信心，提高自身的综合能力。美国哈佛大学之所以能够在教育中获得成功，主要是因为其为每一名学生的发展提供了广阔的空间，而这正是学生走向成功必不可少的条件。

班级和学校可以每周举办一次小的才艺展示，每月举办一次大的才艺表演（图1-1）。展示的内容没有限制，既可以演奏乐器、创作画作、讲故事、制作小发明，又可以跳舞、分享劳动技能或读书感悟等。争取让每一位学生都有机会展示自己，通过展示重新对自己定位，看到自己的长处，找回自信心。

图 1-1　才艺表演

（三）临帖摹写

在课外为学生搭建展示平台时，除了一些较为典型的做法，教师还可以通过一些小的事情进行尝试，如让学生每天坚持临帖一页纸，并在第二天及时批改，公布成绩，尤其写得好的要拍照、存档，并在每一周选择一部分写得好的作品在班级张贴，特别优秀的可以向学校报刊推荐发表。同时，在班级需要填写材料时，让这些学生来完成，使其特长有用武之地。

在教育全面改革的今天，教师要学会转变角色，坚持以人为本的理念，真心实意地做学生的指明灯，认真倾听学生的心声，为学生搭建多种展现自我的舞台，鼓励学生积极参与，让每一名学生都有机会全面展示自我，享受到成功带来的喜悦。

静听校园拔节的声音

三、提供展示舞台，丰富教学实践

（一）课前小表演，用行动证明自己的价值

"丁零零……"上课的铃声响了，这一节是初一年级的语文课，授课内容是史铁生的《秋天的怀念》。马老师站在讲台上正准备上课，突然一位男同学在她耳边说："老师，我能用钢琴弹奏一首《秋天私语》吗？"她刚想说要上课了，但觉得男同学的提议很切合今天的授课主题，便鼓励点头说："当然可以！"

得到准许后，男同学来到钢琴前坐下，琴声从他的指尖流出，课堂上回荡起优美的旋律。一曲结束，听到同学们自发的掌声，男同学的脸上有了自信的笑容。一堂别开生面的语文课开始了。

从中不难发现，学生已经开始有了自我关注、自我认识，有了强烈自我实现及自我赏识的欲望。这种欲望引导得法、引导得当的话，必会为教育插上翅膀。同时，为每位学生提供表现的机会，使每个学生都能得到发展，是每位教育者共同追求的目标。

在课前，教师还可以根据这一节课讲述的内容，启发学生运用生活中的案例进行各种形式的表演。比如，面对内容灵活多样、贴近学生生活的思想品德课，教师可以让学生在课后排练与下一节课内容相关的小品，鼓励全班同学参与其中，可以提供案例，可以参与表演，可以编排节目，甚至可以制作道具等。

这些活动既可以激发学生的创造力、合作能力，又能满足学生的表演欲，同时提高学生的学习能力、组织能力、综合能力。

（二）课中展示环节，带来意外惊喜

一次，听一位音乐老师的课，教授的是《爱我中华》这首歌曲。老师待学生掌握了歌曲的演唱方式后，让学生用自己喜爱的方式表达对祖国的爱。十分钟后，学生给我们带来了意外的惊喜。学生的表演欲望非常强烈：有的选择诗

朗诵的方式，情到深处会摇头晃脑，像模像样；有的选择绘画的方式，三两笔将祖国大好河山勾勒了出来；有的选择组合演唱、创意十足的二重唱；等等。

表演的人逐渐变少，这时候有一个学生站了起来说："老师，我要用英文演唱这首歌曲。"演唱完毕后，这个学生赢得了全班同学热烈的掌声，老师也对这位同学的表演给予了肯定和支持。一个小小的展示平台不仅激发了学生的求知欲，还激发了学生的创造力，可谓一箭双雕。

（三）课外活动，激发学生学习热情

班级和学校可以综合学生的基本情况建立常规性的展示舞台，如开展朗诵比赛、英语口语大赛、书法大赛、举办各种展览等。读书笔记展览就是一项不错的课外活动。教师在举办读书笔记展览时开展评奖活动，给予优秀的读书笔记表扬，也可以将其推荐到全年级甚至全校展示，以增强激励的效果。读书笔记展览的形式可以多样，根据具体教学需要进行设计。比如，在学习《敬畏自然》这篇文章时，教师让学生搜集同环境保护相关的材料进行阅读，形成读书笔记。

举办展示活动，能够促进学生关注身边的信息，帮助学生掌握知识，同时激励学生展现自我认知，获得各方面的锻炼。

两千两百多年前阿基米德就说过"给我一个支点，我就能撬动地球"，但方法可行、支点难求。同理，教育者应该多为学生提供支点，让他们有机会撬动更多的"地球"。

> 静听校园拔节的声音

反思——教师成长的起点
——《教学反思集》卷首语

教师的专业发展既是个人的需要，又是一所学校能否健康发展的保障。我校提出"高素质、高品位、高分数"的育人目标，可以说与时俱进地提出了北镇中学版师生的核心素养。毋庸讳言，当下我校提高教学成绩多数还是靠"关、卡、压""扣、贴、抓"，教师苦教，学生苦学，师生身心疲惫的现象还没有得到根本扭转。师徒结对就是基于这些"沉疴"采取的举措。师徒结对是一个发展共同体，它需要每一个人的奉献，更需要大环境的呵护。飞流短长可以击溃弱者，但吓不倒直面现实的勇士，同船共渡的一群追梦人，正在扬帆起航，其间注定会有狂风巨浪、暗礁急流，但这恰是走向成功的砥砺，也是实现教育梦想的前奏。

看看这样的情形是否在身边发生过：要交教学反思了，下载一文应付；要交教学设计了，剽窃一篇敷衍；要开研讨会了，拼凑一稿充数；研讨会要发言了，报以所谓"虚心"的态度闭口不言、听别人说；要参加赛课了，搜几个名师的案例贴金；要给同事评课了，要么请假躲避，要么唱个喜歌，要么套话连篇，要么无关痛痒地说一通……凡此种种与"动脑""反思"相关的工作都疏于行动，长此以往，人就丧失了思考的功能，如此，教师的专业成长也就免谈。

青年教师初登讲台，需要学习的东西很多，那些东西都离不开反思的护航。试想，一个青年教师若总踩着别人的脚印行走，固然可躲避沼泽、绕开荆棘，却永远发现不了"新大陆"；一个青年教师若害怕露水沾衣，打湿裤脚，就会失却采摘最新鲜花朵的机会。青年教师要葆有"初生牛犊不怕虎"的冲劲和激情，也要有"逐鹿学科"的神勇和智能，更需要"覃思深研"的求索与理性。一个青年教师最忌讳的就是沿用以前自己老师的做法或自己臆想的做法一意孤行，一旦形成惯性就难以改弦易辙。从入职开始，青年教师要多学习实践知识，要关注自己从教的PCK（学科教学知识），从大学的坐而论道到基层的践行课堂还有一段距离，这个距离需要行动的研究，而行动研究的核心是反思。起初，或许我们不会上课、备课，不知道如何听课、评课，这不可怕，可以向老教师学习，可以借鉴他人经验，但更需要融入个人的思考，多问几个为什么。然后，施之以教，直至澄明。弄不明白的，也不要盲从，要带着困惑再出发、再思考，对错真假、行与不行，答案经由自己求索，这个过程就是成长。另外，面对过来人的经验，青年教师要学会"扬弃"，不要沾染抢占时间等恶习。

　　反思进阶之路注定是漫长的，在这长长的道路上，有我们不停歇的足迹，这些小小的反思短文或许稚嫩，或许还经不起考量，但它熔铸着我们思考的点点滴滴，见证着我们一步一步地成长。来日回首，或许蓦然惊讶于自己的精彩。反思无止境，成长无限期，我们静待每一位青年教师的"抽青拔节"。

　　锚住反思，葆含初心，做自己的摆渡人！

▶ 静听校园拔节的声音

腹有诗书气自华

朱永新说:"教师的读书不仅是学生读书的前提,也是真教育的前提。"在其发起的"新教育实验"中,实验的支柱被放在了营造书香校园上,放在了教师的专业阅读上。我很赞同他"不同学科与发展阶段的教师需要阅读不同的专业书籍"的观点。但是,在现实的教学中,很大程度上却是"教师眼中只有分数,最该读书的群体远离了阅读。一群不读书、缺乏智慧的教师在辛勤甚至忘我地工作着"。如果你、我也是如此,我们会把学生带往何处呢?

一、读书是自我提升、干好工作的必需

我们的知识储备随着社会快速发展和学生得到知识渠道的增多而逐渐"余额"不足,要想提升与完善,就要主动适应社会和时代发展的要求,提高育人本领,寻找良好的教学方法。读书能带动我们感悟和思考,排出外界繁杂事物的干扰,远离肤浅和浮躁,静下心来思考如何提高个人专业技能。新课程改革对教师提出了新的要求,我们要转变之前照本宣科的教学方法,在教学中要联系实际,提高课堂互动性,而这些都要靠读书获得。

今天的读书体验会成为明天课堂的实践。一个教师上课时是带着他全部的阅读史来的,所以只有具备广阔的知识面、超强的领悟能力,才能很好地驾驭课堂,使课堂有深度并变得高效。

教学需要视野开阔,需要知识含量和人生底气,无论做什么、说什么,都应该秉承高标准、严要求。一个拥有良好读书习惯的教师,在书籍的浸润下,气质会变得高贵,性情平衡,内心博爱,会由内而外脱胎换骨,变得高尚伟大,并获得学生尊重。

教师带头阅读书籍并学习,是一种言传身教,能够发挥阅读引领作用。一位饱读诗书的教师会成为学生心目中的偶像,学生会揣摩并模仿,在教师的熏陶下爱上读书。只有读书,教师才能以自己的书卷之气去熏陶学生,使之热爱读书,与书为伴,成为未来社会上的"读书人"。

二、在生活中养成良好的阅读习惯

我们太忙,哪有时间读书?"苟能发愤读书,则家塾可读书,即旷野之地、热闹之场亦可读书;负薪牧豕,均无不可读书。苟不能发愤自立,则家塾不宜读书,即清静之乡、神仙之境皆不能读书。何必择地?何必择时?"曾国藩所言认为:人之所以不读书或读书少,最主要的原因是不想读书,而不是客观条件不具备。读书的关键在于是否能有效利用时间去读书。我们主张利用好业余时间和碎片时间,"永远不要等有时间了再去阅读,要见缝插针,想要读就去读;永远不要坐进书房才开始阅读,任何地方都能够阅读;永远不要等到有用了才去读书,急功近利、立竿见影是妄想;永远不要嫌自己读得太晚,只要有所行动,那就一定会有收获"。

加拿大著名的医学家、教育家奥斯勒担任着很多社会职务,每天的工作日程非常满。即便如此,他也会从繁忙的工作中挤出一点时间去读书。他给自己制定了一个规定:在睡觉前抽出 15 分钟阅读自己喜欢的书。在很多年之后,他对读书效果有这样的计算:按照 1 分钟阅读 300 字的速度,15 分钟就可以读 4 500 字,1 周能读 3.15 万字,1 个月就能读完 12.6 万字。假如一本书的平均字数为 7.5 万字,那么 1 年就可以阅读这样的书达 20 本。这一习惯,奥斯勒坚持了近 50 年,他一共阅读了 1 000 多本书,达 8 000 多万字。

我认为读书不必刻意规定时间,只要有心就能挤出时间随时随地阅读。李镇西校长利用坐飞机的两个小时阅读了一本书或写下一篇文章,而我们不会比他更忙碌，所以完全有时间去读书，在课余时间，在节假日，在闲暇时候，在旅途时光，在等车的片刻，在晚睡时、早起后，这些都是我们能做到的。生活中，读书除了挤出时间阅读外，还要有毅力坚持下去，只有坚持不懈，才能达到自己想要的效果。

三、读书要选对方法

如何在浩如烟海的书籍中准确找到一本适合自己阅读的书呢？教师在选择书籍时要从自己的实际情况出发，根据学科特点和自身发展，做到会读书、读好书、活用书。为了夯实理论基础，可以选择名家教育理论方面、教学实践指导方面的书；为了更全面地了解学生，可以选择心理学方面，尤其是涉及中小学生心理问题方面的书；班主任为了更好地管理班级，可以看科学管理方面的书，如《班主任必读》等；为了让自身文化修养有一个质的飞跃，可以阅读一些哲学、美学、社会学及文学方面的书，在与古今伟人的无声对话中获得启示，通过思考、实践、创新后转化成自己的思想及智慧。

读书不能"读死书，死读书"。在读书后要将所学的知识有效运用到生活和实践中，否则就真成了"百无一用是书生"。教师在读书时要做到"口而诵，心而惟"，将书中的精髓内化为自身的思维，因为书本上的优秀经验往往具有"地域性"，只有同自己的实际情况相结合，才能够"对症下药"，指导教学实际。除了读实在的书籍外，教师还要学会读"学生"这本无字书，只有读懂这本无字书，才能做到胸有成竹、有的放矢，实现"教学相长"的教学目标。

读书最好有读书笔记。教育家徐特立提倡"不动笔墨不读书"。日子长了，书读多了，总有体会，深入体会的过程便是思考深化的过程，思考到了精细之处，必然产生思想火花，而为了及时捕捉这种稍纵即逝的火花，方法就是记笔记。"眼过千遍，不如手过一遍。"这些笔记会提高我们的阅读效率，综合我们的思考，写得多了，回头一看，会成为我们丰厚的积累，从而提升理论与写作水平。

用朱光潜先生的话与大家共勉：读书是要清算过去人类成就的总账，把几千年的人类思想经验在短促的几十年内重温一遍，把过去无数亿万人辛苦获来的知识教训集中到读者一个人身上去受用。

▶ 静听校园拔节的声音

高效课堂构建

高效课堂在10年前曾经如当下的核心素养一样炙手可热，而今重提这个旧话题，是因为历经多年的课堂优化仍不理想。很多学校还停留在"不言春作苦，常恐负所怀"的低效勤奋上。教师早出晚归，勤勤恳恳，这是有目共睹的，是一名教师起码的职业操守，但只有勤苦尚不足，敬业不等于专业，业不精，愈敬业愈贻害学生，必须将敬业与专业结合起来，如此才会成就教育事业。

高效课堂是立足立德树人的，是关注人的长足发展的，而非单纯追求分数。从学科的角度讲，高效课堂指的是体现和反映学科本质的课堂；从知识的角度讲，高效课堂指的是超越知识表层结构而进入深层结构的课堂；从学生的角度讲，高效课堂指的是让学生进行深度思维的课堂。从浅表走向深刻、从低效走向高效是其外在表征，热闹、好看、花样多不一定是高效课堂。

怎样建设高效课堂呢？我认为应从以下几个方面进行探索与实践。

一、从课堂走向课程是高效课堂必经之路

课程专家石欧教授说："中国的课堂全球领先，当然指的是较为偏狭的知识层面教学。为何教育教学质量提高不大，成绩不显著，显然是遭遇了瓶颈而难以突破，如何突破，单从课堂上做文章会步履维艰，从课堂走向课程才是破解之道。"

要成为有课程智慧的教师，先得是一个"调整教材""补充教材"或"重新开发教材"的人。优秀的教师总是在调整、补充或开发教材，或者说，优秀的教师一直在参与课程资源的开发和利用。在实际教学中，我们不要"头疼医头，脚疼医脚"，要课堂的高效，需要做足课程的功夫，需要我们具有强烈的课程意识，化国家课程为校本课程，构建适合学生发展的课程。

教师在及时了解学生需要和社会及科技发展最新成果的基础上，要通过改编、补充等方式对预设的课程内容进行二次开发，对教材中的知识进行选择、重组、拓展、补充和整合，分学期进行基础性课程、拓展性课程教学，同时要有具体的课程设计、课程实施办法、课程评价办法。

对课程的二次开发首先体现在教学的目标定位上，教材处理要大气。这就需要教师对整个教材知识体系了然于胸，能够提纲挈领地处理教材、组织教材，而不被教材所束缚；理解好叶圣陶先生"教材就是个例子"的经典论断，践行好"用教材教，而不是教教材"的新课程理念。其次，教学设计的环节不宜太多太细，而应该是板块式、移动式的整体思考，用好单元教学。这是教育科研部门的倡导与呼吁，也是现实需要的整体化教学主张。孟子说："先立乎其大者，则其小者弗能夺也。"这可称为中国古代的课程哲学观，有系统下的整体、统摄下的部分蕴含其中。

二、高效课堂需要教师的专业成长

没有教师的专业成长，就谈不上高效课堂的落实。因为教师既是高效课堂的主导，又是高效课堂的主体，高效课堂的出现需要教师专业的高度。恰如季羡林所言："没有人能将自己没有的东西教给别人。"只有教师在课堂上真正做到"游刃有余""指点有方""深入浅出"，才会有高效课堂的自然呈现，才会使课堂教学散发出磁性和魅力，但要做到这些，没有自我的觉醒、没有自己的深入学习、笃定研究和长足发展的意识是行不通的。

于漪老师讲："教育的生命力就在于教师的成长与发展，教师的真正成长与发展，在于教师内心的深度觉醒。"教师内心的深度觉醒是靠自觉，而不是靠"外铄"，更不是靠重锤敲击。

▶ 静听校园拔节的声音

（一）需要教师善于学习

"要想学生好学，必须先生好学，唯有学而不厌的先生，才能教出学而不厌的学生。"陶行知先生的谆谆告诫需要我们记取。育人先育己，身为教师，必须成为学习者，志于学、精于学、恒于学，才能跟上时代潮流，才能立于不败之地，才能打造高效课堂。教师不仅要更新观念、转变观念、拓宽视野、完善知识结构，还要磨砺品格、积淀底蕴，提升整体素质，用教育科学、脑科学、认知科学武装自己，使自己能够跟上社会的发展需求，为学生提供切合实际的教育（图1-2）。

图1-2 教师暑假封闭培训

（二）需要教师善于研究

我们之所以要做研究，既是为了能够成为一个合格的教师——胜任，又是为了在研究的过程当中找到某种乐趣与快感——快乐。一个真正明白、真正快乐的教师，他必须是一个研究者，否则就是一个没灵魂的教育者。没有灵魂，何谈想明白、说清楚。教师不快乐何以教出快乐的学生，只能凭惯性、凭经验稀里糊涂地上课，这势必停留在打时间仗的低层次勤奋上，也就谈不上高效课堂建设。

（三）需要教师不断反思与成长

教育的过程就是一个不完美的人引领着另一个不完美的人追求完美的过程，我们永远走在"趋于完美"的路上，而达到"知行合一"需要一个过程。可见，教育就是师生生命的一段陪伴，就是互促互进的共同成长。这个教学相长的过程需要教师不断反思与自否，不断对自己从教行为的来源进行追溯与诘问，不断对旧我进行否定与自新。教学反思是教师专业成长的动力，没有反思的教学是浅薄的，没有反思的经验是狭隘的，只有经过反思，使原始的、自然的经验不断地处于被审视、被修正、被强化、被否定等思维加工中，去粗取精，去伪存真，才可生成强大的理性力量，才能成为促进教师专业成长的有力杠杆，否则教师极易被经验所奴役，成为自己发展的桎梏。

人是靠思想直立行走的，思者行远。没有反思就没有真正的学习与研究，学习、反思、研究这三者是贯通的，它们共同熔铸成教师专业成长的阶梯。

三、高效通过课堂呈现，要深入研究课堂教学

高效课堂的最终指向是学生的高效学习，没有学生的高效学习，就谈不上高效课堂。不要以为自己的教学成绩分数高就是高效课堂，分数高是高效课堂的必要条件而不是充要条件，且这个高分需要追究其来源，是靠法定的课堂时间，还是靠争抢学生的自习等自由时间。若是不抢不占的高分，那是高效课堂的自然成果，是绿色分数；若通过不择手段，靠争夺法定外的时间逼迫学生背记、强练而获取高分，那是对高效的亵渎。有了高效的课程观，有了强烈的课程意识，教师还需要通过课堂这个主阵地去落实教学，这就是"如何教"的问题。

教与学是交织在一起的，不管先学后教、先教后学、边学边教、少教多学、

▶ 静听校园拔节的声音

少学多教等顺序、多少如何，不可一概而论。学科、课型、教师个人情况各不一样，"统一"很可能失去课堂生命力，"以学定教"才是教师为教的守则。

课堂教学的过程需要我们坚持教学相长，注重启发式、探究式教学，认真将备课、学情分析、课型分析、运用各种教学手段等教学常规落到实处，讲清难重点、知识体系，引导学生主动思考、积极提问、自主探究。教师应注意差异化教学和个别指导，探索基于学科的课程综合化教学，开展研究型、项目化、合作式学习（图1-3）。课堂是我们自身学识、能力、态度甚至性格的呈现平台，久久为功、兢兢业业才有最终的高效。

图1-3　教与学的交织

育人先育己，修己才能安人。"有理想信念、有道德情操、有扎实学识、有仁爱之心"的四有好老师，就是国家对教师自身发展的目标、要求。高效课堂没有最高只有更高，只有建基于课程建设平台，立足教师的自我完善与发展，课堂才会迸发教学张力、焕发教学生机、达到真正高效。

怀念张老师的教鞭——对教师惩戒的几点认识

前几天,张广东老师到市里开会,恰与我同组,有机会畅怀师生情谊。畅叙期间,我跟张老师说:"老师,还记得你自制的教鞭吗?是一根拇指粗细的木棍,我记忆犹新,因《海燕》没背诵,屁股上挨了一下,但真管用,有些句子到现在还记着。"张老师坦然一笑:"揍的具体人忘记了,打过不少手掌还是记得的。但现在,怕是求着老师打都不会喽。"望着张老师丝缕白发,突然很怀念30年前淳朴的师生情谊和家校间真诚的信任关系。

时过境迁,随着社会的飞速发展,学校诸多因素发生变化,当中包括教师的惩戒权。张老师"求着老师打都不会喽"已是多数教师的真实想法,因惩戒引发的热点新闻此起彼伏,致使老师们茫然无措,"不敢管、懒得管"心态自然蔓延。教育教学质量的提高依赖学校良好的管理秩序,而这种现象自然影响了教学质量。中共中央、国务院发文《关于深化教育教学改革全面提高义务教学质量的意见》中提出:制定实施细则,明确教师教育惩戒权。很快,教育部出台《中小学教师实施教育惩戒规则(征求意见稿)》,明确了惩戒权行使程序、范围。

文件的落实需要过程,且实际教学过程中教育惩戒情景的发生都是偶然的,惩戒学生有一定的时效性,大部分情况不能走完程序再惩戒。这就要求我们实事求是,认真研究国家政策、法律法规和学校教学实际情况,采取行之有效的措施,使惩戒权真正落地生根并发挥作用。

> 静听校园拔节的声音

一、做四有教师、对学生行为有正确判断，是教师行使惩戒权的前提条件

"四有"即"有理想信念，有道德情操，有扎实学识，有仁爱之心"，这是教师的立身、立行之本，我们一切的教育语言及行为应建立在此基础上。做到了"四有"，学生会因教师的自身魅力、因教师的学识渊博、因教师对自己的关爱而崇敬教师，从而改变自己，并在一定程度上减少惩戒事件的发生。惩戒是为孩子"向善、向好"，要禁止与杜绝因维护教师面子、因教师发泄情绪、因看某个孩子不符合自己审美等而发生的乱惩戒。

教师要具有对学生行为是否需要惩戒、用何种方式惩戒的判断能力。这是一个复杂的过程，需要综合考虑当事学生的性格特点、事件发生环境、所犯错误及影响、惩戒环境等因素。教师需要判断学生的错误是知识性的还是行为上的，抑或是道德品质上的，需要分析判断学生产生错误的原因，避免惩戒的随意性、任性化。比如，一个学生在看《西游记》，如果发生时间是在课间、自习课、语文阅读课，这个行为是正常的，而若在数学课上看，那就是错误的；一个学生上午第一节课趴课桌上睡觉，行为是错误的，但若是因为照顾突然生病的奶奶一晚上，课上睡觉的行为则是可以理解与免责的。

惩戒方式在《中小学校学生违规行为惩戒实施暂行办法》中有清晰表述，需要强调的是，为师者应把"德"字摆在首位，避免使用侮辱、挖苦、讽刺的语言及方式对学生进行惩戒。纵观学生在教师惩戒后所出现的极端行为，往往跟惩戒方式不当有关。

二、营造尊师重教环境，形成和谐师生关系

近几年，因个别教师有偿家教、恶意体罚学生等师德师风问题被媒体曝光，

不少人便认为教师群体都令人怀疑，对绝大多数教师的呕心沥血、老黄牛式的默默付出熟视无睹，部分家长从内心对教师的不信任更增加了惩戒后果引发家校矛盾的概率。

营造尊师重教环境是社会、学校、家长的共同责任。张老师的教鞭扬起的时候，他是有底气的，尊师重教的环境给了他底气。如果他扬起教鞭换来的是学生与家长的讨伐，会因此受到处分甚至丢了饭碗，我想他不会扬起。尊师重教环境会使教师获得更多的尊严感、认同感，会使学生从内心真正尊敬教授他们的老师，把老师视为其父母、家人、朋友，有事情或困惑愿意与老师交流，减少了受惩戒的概率，或是受到惩戒时心服口服，对所受惩戒表示认同，如此才能真正发挥惩戒教育的效果。

"亲其师，信其道。"和谐的师生关系使我们的教育效果事半功倍。苏霍姆林斯基说："尽可能深入地了解每个孩子的精神世界，是教师和校长的首条金科玉律。"特别是随着社会发展，孩子们变得复杂，我们看到的孩子们的表现不一定是真实的，所以教师要善于用"慧眼"了解他们，了解他们的个体性格及造成性格的原因。那些需要惩戒的孩子往往是问题孩子，我们为他们一时、一事的错误做出惩戒，效果不会明显，这就需要我们抽丝剥茧、找到其犯错误的根源，对症下药，方达效果。

和谐师生关系的建立需要教师公平、公正地对待每个学生，不能因教师个人喜好、学生成绩的高低等对某些学生冷漠，不理不睬。另外，我们要重视建立和谐关系的"非正式渠道"，如课间交流、记录本交流、电话联系、微信聊天、聚餐等方式。这些非正式渠道的交流可改变在正式关系中较多使用的面向集体的沟通方式，使师生缩短彼此间的心理距离，达到教学和谐。

三、加强家校沟通，形成教育孩子的共识与合力

有一次我在餐厅位置值班，两位家长领着孩子到我面前告语文老师的状，学生一边流泪一边"控诉"，家长也随之激动。我耐心地听完，然后将家长与学生分开，分别再听他们的意见，而家长与学生分开后，学生的描述与之前是不一样的。于是，我又找到级部主任了解情况，事情最终得到了较理想的解决。但我内心对家长的做法是不认可的，他们过于偏信孩子。每个人都有"推卸责任"的本能，学生一旦成绩不理想、与老师及同学关系不融洽，会有意无意地将责任推给他人，家长一定要有正确的判断。上述家长是站在了自己孩子方，指责老师，这会加深孩子与老师的裂痕，事情虽解决，但师生间和谐、信任关系很难再建立，也势必会影响到教学效果。

随着社会的发展，家庭重心向孩子的学业倾斜。全家2～6口人盯着一个孩子的学业，孩子、老师压力陡然增大，家长对学校教育教学的关注也越来越大，更有甚者直接干涉学校对教师的选聘、作业布置等行为。在此背景下，保持家校良好的沟通便显得尤为重要。正所谓："通则不痛。"只有沟通好了，我们在目标的一致性上才能形成合力。

家校的沟通方式有建立家长学校、成立各班家长委员会、家访、做家长的教育顾问等。家校良好沟通需要双方共同努力。需要教师树立平等意识、尊重家长；与学困生家长积极沟通，杜绝片面追求升学率；充分利用多种沟通方式，建立积极向上的家校关系。需要家长认识家庭教育的重要性，关心孩子教育，不能仅在考试成绩出来后关心一下；需要家长信任学校老师，有意见充分表达出来，避免事情因沟通不畅而产生矛盾；需要家长冷静听取孩子意见，对事情做出客观判断。建立彼此依赖的人际关系，双方都要多一些理解，多一点换位思考，多一点宽容与悦纳。

好的教育必然是宽严并济、奖惩分明的，好的老师必然是管教同步、严慈同体的。电影《老师·好》中的苗老师会直接抹掉女生嘴上的口红，会惩戒抽烟的男生，还会将别着斧头来上课的学生赶出教室。但当学生急用钱时，他第一时间组织募捐；当学生闹进警局时，他尽力把他们捞出来；当学生举着酒瓶砸向他时，他拼命阻拦……这一切只是想挽回一个即将误入歧途的孩子。谁能想到，当初人人讨厌的苗老师，最后却改变了整个班级孩子的命运。愿我们共同努力，有更多老师有惩戒学生的"能力"和"底气"。

▶ 静听校园拔节的声音

坚守是教育的底色

课间休息时，我的办公室门被猛地推开，一个学生闪进来，冲着我说声"老师好"后迅速跑开，走廊里传来他的笑声。这个学生叫蔺小凯（化名），是我校初二一名智力略有问题的学生，已经来过我办公室多次了。他其实是符合去特殊教育学校条件的，但家长仍希望他与正常孩子在一起，以期带给他些许的改变。蔺小凯的父亲戴眼镜，帅气、斯文，是一个我十分佩服和尊敬的人，他在孩子上小学三年级时就陪其到校上学，已经坚持了六年！六年时间，他放弃了一个三四十岁男人的正常生活，只想陪伴孩子，希望能给孩子带来些许改变。

蔺小凯初一入学分班考试时，各科合计能考53分（总分300分），现在语文、英语各能达到50分（各科总分120分）以上。在一次作文中，他真情流露，写出"我很爱我的爸爸，他每天都陪着我"。蔺爸爸在看到这些文字时热泪盈眶，这或许是对他的坚守的最好回报吧。

教育需要坚守。教育不同于其他行业，不能用经济学计算付出与回报，或计算多长时间能收回投入，因为每个孩子都与众不同，性格、专长、家庭、机遇等造成他们的人生轨迹各不一样，所以我们不能设定一种标准，"什么样的孩子就叫成功，什么样的就是不成功"。教育的坚守需要我们在每一个平凡的日子里默默付出，静待花开，这是一个漫长的过程。

教育的坚守需要我们摒弃浮躁、功利。一个品学兼优的学生，会弹钢琴、会跳舞、还会画画，初中、高中、名牌大学、出国留学一路走来，这样的孩子自然成为家长、教师的骄傲，但要是孩子并不如此优秀，如蔺小凯一般，我们能否同蔺爸爸一样爱他如初？教师、家长首先得明白：教育孩子的目的不是使他成为我们的骄傲。逼着孩子按自己的意图拼命学习，一旦没达到预期，就满脸的不满与训斥，这俨然把孩子当成了使自己荣耀的"产品"。柏拉图说"教育非他，乃心灵的转向"，这"转向"二字应是"真、善、美"之意。我们的教育方针也明确写着"培养学生德智体美劳"，这才是真正的教育目的。

教育的坚守需要尊重成长规律。一片茂密的森林，有参天大树，有低矮的灌木丛，有小草与鲜花，有匍匐的藤蔓，它们各美其美，共同构成了生机勃勃的画面。一片菜地，有西红柿、茄子、辣椒、豆角、黄瓜，它们的种植方式各不相同，所结果实味道不一，共同构成丰富多彩的食品体系。同样，我们一个班级有四十多名学生，基础不同、性格各异，不可能按同一方式进行培养，"因材施教"便显得尤为重要。我们对每个学生的当下要有准确判断，根据实际指导他的前进方向，在成长过程中给予陪伴和帮助。

在昆山某实验学校工作的吴老师坚持为一个叫宋小明（化名）的学生写教育日记。宋小明，被同学们称为"第一恶人"。他能为了打篮球强烈要求退学去体校。三年时间，他几乎每天都给吴老师制造麻烦，而吴老师坚信，每一个孩子身上都有闪光的东西，应该努力从学生经历的事情中提出教育的积极意义。细心观察后，吴老师发现宋小明也有集体主义观念，班级提水、拖地的任务他抢着干；心地善良，为养活一条流浪狗，他情愿自己不喝牛奶；思维很活跃，教师在课上提到的一些难点，他竟能准确答出；语言生动，他给女生写的情书流畅而富有情感。

吴老师坚持将这一切记录下来，三年时间，吴老师为他一个人写了15万字的成长日记，每学期一本装订成册送给他。慢慢地，她的日记里更多的是表扬：宋小明开始不再恶语伤人，开始帮助其他同学解决问题，开始友好而礼貌，

▶ 静听校园拔节的声音

开始把更多精力放在学业上……2005年中考成绩揭晓，宋小明以昆山市第一名的成绩被高中录取。在他拿到分数单的那一天，在全班同学面前，他双手接过分数单，恭恭敬敬向吴老师鞠了一躬，久久不愿起身。吴老师三年来15万字的坚守改变了宋小明，甚至改变个整个班级，这份坚守中没有说教，只是善于发现、善于尊重成长规律、因材施教而取得事半功倍之效。每个孩子就像一条条独特的河流，每条河流都有自己的流动方向，教育者应该顺而导之，小心呵护，方可让其流出美丽曲线、绝妙的浪花。

  教育的坚守需要我们注意调整方向与方式。坚守不是"死守"，需要我们运用智慧，不断地思考并调整。教育家陶行知说："你如果想要儿童变成顺从并守教条的人，你就会采取压服的教育方法；而如果你让他能独立地、批判地思考并有想象力，你就应该采取能够加强这些智慧品质的方法。"我的大儿子今年读初二，从小学三年级迷上足球，参加了校队训练，又遇市内大力推动校园足球，足球教育平台、机会增多，经常代表市里参加省级、国家级赛事和集训。些许的成绩给了他继续踢球的信心和力量，他一门心思走足球专业的道路。在这个过程中，我给他定下了"学业不能落下，不要求非常优秀，但须达到良好"的规矩，足球方面则更多的是理解与陪伴。随着年龄增长，儿子的体型开始发生变化，随我属于瘦弱体型，在赛场上毫无对抗优势，且体能也比较吃力，原先的主力位置逐渐被取代，他很是苦恼与消沉。我瞅准时机，慢慢与其分析现状，结合他的身体素质、专业道路的出路等使其认识到坚持足球专业并非最佳选择，足球只可成为自己的兴趣爱好和锻炼身体的方式。这个调整过程对孩子来说是艰难与痛苦的，毕竟是他坚持了5年的梦想，现在却被现实打碎，但这个调整又是必须的，从时机选择上也水到渠成。面对困境、走出困境，是孩子们需要接受的人生课程，这个过程我们要科学参与并顺势利导地给予帮助。

被授予"人民教育家"的于漪老师说:"办教育、办学校不是百米冲刺,而是万米赛跑,要有勇气,有毅力,向着理想的目标奔跑。"坚守是教育的底色,坚守自己的理想与内心,耕耘于三尺讲坛,如此才能让每一粒种子生根发芽开花,茁壮成长为我们最美丽的希望。

▶ 静听校园拔节的声音

建立温暖的师生关系

融洽、真诚、相互信赖的师生关系是教师教学成功的先决条件之一，教师要履行职责、完成使命，先要取得学生的信赖，和学生建立信任感，形成温暖的师生关系。早在两千年前，孔子就提出"教学相长"，社会发展到今天，我们的实际教学更应与学生有更多的一起思考、一起游戏、一起怀疑、一起奋斗、一起嬉笑，然后才有"一起成长"。

一、教师要加强自我修炼

在电影《大宅门》中，许多教师被白景琦捉弄走了，白家又请来一位叫季宗布的老师。第一天上课，景琦依旧在门上放了一瓶墨汁，准备捉弄老师，没想到季老师来到门前并没推门，而是叫景琦出来，景琦到门前不敢推门，季先生一脚踢开门，墨汁全泼到景琦身上。后来，景琦和老师比赛掰手腕，他用两只手掰不过季先生一根手指头。再后来，景琦见识了老师对《庄子》任何一处都对答如流，终于心服口服，开始服从老师的管教。季先生不单凭借自己的"文韬武略"让白景琦折服，当白家遇到危险，特别是景琦被绑架后，他能只身闯匪穴救下白景琦，也证明他是有爱心与责任心的老师。有了令学生折服的过硬本领，又有热爱学生的一腔情怀，再顽劣的"白景琦"也会被"收服"与"引领"。

车尔尼雪夫斯基说："要把学生造就成一种什么人，自己就应当是什么人。"教师不会把自己不会的东西教给学生。我国实行教师资格准入制度，考取资格证有诸多条件，真正站到讲台上还需要重重过关，因此实际教学中的教师的专业水平都是较高的，短板及弱处在于"道德情操"与"仁爱之心"上，而品质不外显，所以需要在实践和生活中看出来。

建立温暖的师生关系，主导者、决定者在教师。教师要加强自我修炼，培养高尚的道德情操和仁爱之心，做一个心光发亮、精神高尚的人，这种人格魅力对学生有着强大的教育力量。明明家长和孩子都放弃了，我们却在坚持；明明孩子受家庭影响养成了性格缺陷，我们却极力用爱来弥补；明明孩子不喜欢运动，我们却拖着他超重的身躯跑步；明明孩子不爱学习与读书，我们却想方设法鼓励与刺激着他勤奋努力……我们希望在与学生交往的过程中相互点燃、彼此成全。

二、与学生一起的教学生活

第一，经常泡在班级中。要和学生搞好关系，不妨多到班级走动，甚至泡在班级中，这样可以督促学生养成良好的习惯，也能从不同方面对学生进行了解，为今后的问题解决打下基础。我校每个班级都放了一张办公桌椅，方便教师到教室交流与了解情况，这些桌椅的利用率很高，大多数时间是被班主任"霸占"。

第二，利用课外活动与学生进一步拉近距离。在学校中，除了学习之外，课外活动是重要的组成部分，这也是和学生增进情感的一个机会。与学生一起看书、下棋、跳绳、踢毽子；大扫除时，和他们一起劳动；想方设法为学生提供表现机会，让他们知道教师在意他、关注他。

第三，建立良好的班级制度及文化。"无规矩不成方圆。"建立公平、公正的班级制度对学生而言非常有必要。在与学生打成一片的过程中，教师要保持一定的"度"，既要做学生的"益友"，又要善做"良师"。另外，还应建立温暖、和谐、竞争、奋进的班级文化，用文化感染和教育学生，拉近师生间、生生间、家校间的关系。

第四，关注学生的家庭情况。多年的教学和管理经验告诉我们：一个问题学生的背后，至少有一个问题家长。我们要想对问题学生有所改变，就要从根源上捋清脉络，关注学生的家庭情况，寻找准确的切入点，把握教育时机，做出有的放矢的指导。

三、做学生兴趣爱好的指明灯

兴趣爱好会使我们的生活丰富多彩，也会使我们心情快乐、身体健康，尤其将兴趣发展为特长，既可以将内心的自信唤醒，还能获得成功，让生命充满色彩。我个人是很无趣的人，吹拉弹唱棋，没一项在行，便很在意培养学生的特长和兴趣爱好。越来越多的教育实践表明，"投其所好"会使教育效果事半功倍，所以建立温暖的师生关系亦可从这个方面下功夫。

第一，在学生选择兴趣爱好时给予及时帮助。每个学生都有其独特的地方，每个学生的兴趣、爱好都会有所差别，选择也会多种多样。教师在尊重学生选择的基础上，帮助其认知、辨识哪些只是三分钟的热度，哪些是受到身边朋友的影响，哪些是真正的特长和兴趣，然后根据学生的性格、气质等指导其选择合适的项目，最终达到有目的地培养。

第二，鼓励学生坚持自己的选择。学生处于青春期，心智不够成熟，往往对某种事物的兴趣多因新鲜感而生，热度持续时间不长。对此，教师可采取鼓励的措施，让其勇敢面对这一困难。比如，通过开展、组织各项活动，让学生参与其中，获得成长或成功的喜悦，从而养成认真做事、坚持不懈的品质。

第三，对学生把握兴趣爱好的程度予以引导。中学生在自控能力上较为欠缺，容易沉迷在某一兴趣中无法自拔。教师要及时发现，帮助学生摆正兴趣爱好的位置，让其了解兴趣爱好和职业的关系等如同调料和菜肴的关系。调料能够提升菜肴的口感，但是无法直接食用，也无法饱腹，而不加调料的菜肴，即便口感非常差，也能够食用，且能饱腹。

四、踢开温暖师生关系的绊脚石

紧张的师生关系会减损教育教学的效果。教师会处于难以应付和失去控制的焦虑中，学生的敌视、挑衅、捣乱更会使教师感到孤独、威胁、不被尊重、没有成就感；学生会处于惶恐中，表现出害怕上某门学科，或想方设法地欺骗、应付某位老师。因此，我们必须踢开温暖师生关系的绊脚石。

美国教育心理学家古诺特说："身为老师，我具有极大的力量，能够让孩子们活得愉快或悲惨，我可以是制造痛苦的工具，也可以是启发灵感的媒介，我能让人丢脸也能让人开心，能伤人也可以救人。"可见，在师生关系中，教师是起决定性作用的。因此，"温暖师生关系"的第一块绊脚石就是教师自己，我们必须向自负、自私、傲慢、不负责、懒惰、冷漠、散漫说再见，向事不关己高高挂起、只管教书不管育人说再见，向"以成绩高低"划分优等生、差等生现象说再见，向用"自以为是的审美标准"划定好学生、坏学生说再见。同时，把自己的博大、耐心、真诚、仁爱、坚守、无私、信任、奉献拿出来，脸上阳光灿烂，身上自带光芒。

温暖师生关系的第二块绊脚石是家校关系。每个孩子都是父母捧在手里的宝贝，每个孩子都是家庭的唯一，于是一家人逐渐把对孩子的爱变成了一种焦虑，并将这种焦虑延伸到了校园。教师管严了，他们说伤害了孩子的自尊；教师管松了，他们说教师不负责；甚至有些家长不断地向校长、市长热线控告教师。家长对教师的信任没有了，必然会影响到孩子，孩子也会选择不信任，温

▶ 静听校园拔节的声音

暖关系无从谈起。作为父母，你是否有过因为孩子在学校磕碰而火冒三丈？是否有过因为孩子说老师偏心而当孩子面骂老师？是否有过觉得班级管理"不合我意"而联合其他家长找学校理论？这些错误做法势必会影响孩子。那就拿出作为家长的诚意吧，与老师、学校保持真诚的理性的沟通，教育孩子尊师重教，当着孩子面注意谈吐。

有两种人特别希望孩子超越自己，一种是父母，另一种是老师。家长不护短，老师不姑息，我们的教育就会越走道路越宽广。

建立最紧密的统一战线
——谈家校间的合作

学校和家庭要一致行动，向孩子提出相同要求，抱着一致的信念，在教育的目的上、过程上、手段上都不能发生分歧。否则，教育作用会受到干扰、削弱甚至抵消。

——苏霍姆林斯基

20年的教育实践使我对大师的这句话深信不疑。

教师与家长的合作有现实的必须性。一是信息时代的今天，学生接受教育的渠道发生了改变，电视、广播、网络等媒介成了学生接受知识和信息的新渠道，一些不良内容也如影随形，影响着学生的身体与心理健康。二是学生的生活空间逐渐"缩水"，家庭活动的形式从之前大杂院的开放性空间转向了单元楼的封闭性空间，学生无法融入复杂的社会关系中亲身体验。三是家庭教育和学校教育存在不和谐因素，这种不和谐导致二者之间的割裂，致使学生无所适从，不知道谁是对的、到底听谁的。

教师与家长建立的合作关系是双方的一种协调行为，这一行为建立的基础是教师和家长相互信任、依赖，目的是教育的一致性。"教育的效果取决于学校与家庭教育的影响的统一性。如果没有统一性，学校教育就会不堪一击。"

那么，教育现实中面临的合作绊脚石有哪些呢？

一是教师与家长缺少必要的联系与沟通。教师与家长的关系是松散的，无组织性的；教师与家长沟通的内容、数量方面较为随意。二是教师与家长在教育理念与教育方法上存在差异。这是由双方的教育素养差异性决定的，面对学

▶ 静听校园拔节的声音

生出现的问题，一旦在认识、理解等方面出现不同，就会产生矛盾。尤其学生存在的一些不良习惯，纠正多次后依然反复出现。对此，双方可能会互相埋怨，不考虑具体的情况而推卸责任。三是教师和家长在合作中的地位不平衡。在传统的教育中，学校教育仍是主体，教师基本上不会将家长的想法考虑其中，这让家长处于一个被动的位置，导致家长缺乏教育孩子的意识，也就无法很好地配合教师完成教育工作。

美国教育社会学家威拉德·沃纳说："从理想的角度出发，教师和家长在两个方面是相同的：希望事情向着对孩子最有利的方向发展，但是他们被不信任和敌意包围；希望孩子好，不过这种'好'是不同的，冲突常因此而来。"怎样使这种"好"的目的相同呢？我觉得从以下几个方面做会达成所愿。

（1）礼貌，给予家长充分尊重。教师在和家长沟通时要采取事先约定的方式，跟家长沟通要有的放矢，杜绝随意找家长；家访、接受家长到学校咨询时，教师要重视自己的外在形象，尊重他人的生活习惯，使用文明用语，杜绝交流时心不在焉、边交流边玩手机；有不同意见时，教师要学会控制情绪，尽量心平气和地与家长沟通，获得家长认可与好感，最终消除误会，化解矛盾。

（2）情感，真诚交流。教师要对学生的情况有全面的了解，在与家长沟通时，让家长觉得自己的孩子受到了重视，于是在情感上拉近彼此的关系；与成绩不理想或不遵守纪律的学生家长沟通时，要挖掘孩子身上的闪光点，让家长对孩子充满信心，缺点要说准但不能说"过"，更不能使用"负面定性"语言，如"笨""不可救药"等；与优秀学生的家长沟通，既要肯定孩子的优点，又要明确不足和短板，使家长明白要努力的方向。对于双方的交流，教师要耐心倾听，使家长感受到自己受到了重视，同时表现出对家长心情的理解，坦诚交流，定会事半功倍。

（3）提意见，以理服人。家长面对孩子出现的问题往往束手无策，需要从他人那里寻求帮助，若教师此时给予恰当的建议，家长定会万分感激并信任。教师在给家长提意见时，注意使用恰当的语气，避免命令的与生硬的，如把"你必须""你应该"改为"我建议"更容易让人接受；不能过分谦卑，在确定时要用肯定的语气，这样提出的意见才不会让家长质疑。提出的意见要有针对性，根据学生实际情况一针见血，言简意赅。

（4）切中要点，懂得倾听、引导和询问。善于沟通的人，必然善于倾听、询问和引导。教师在与家长沟通过程中，要善于抓住问题的关键，找出孩子形成问题的原因；给予家长说话的机会，认真倾听，了解其内心想法，并加以引导，获得对学生的全面了解。很多时候，孩子出现的问题都能从家庭中找到根源，想教育好一个"问题"学生，先要"教育"好一个"问题"家长。

（5）注意选择合适的沟通方式。

一是约见。教师与家长约定到校沟通，沟通内容一般是出现的问题或一段时间的表现。教师可以约家长，家长也可以约教师。

二是书信沟通，灵活方便。教师采取书信沟通的方式主要是因为约见时间较为有限，写信在时间上较为灵活；书信能够把握语言的轻重分寸，容易被家长接受。书信沟通的媒介可以是家校练习本，可以是书信、网络邮件、微信信息等。需要提醒大家的是，书信发出去就收不回来了，现在人人都是自媒体，如果书信或信息中出现"不合时宜的语言"，又恰好碰到"不合时宜"的家长，可能会带来负面效果。

三是家访，这是最打动家长的方式。提到家访，有教师可能不屑一顾。现在通讯这么方便，一个电话就解决问题了，为什么非要去家访呢？我想说的是，在条件允许的情况下，教师还是要去家访，因为家访有着特殊的教育意义。教师可以通过

▶ 静听校园拔节的声音

家访体现出对学生特殊的关怀,这种关怀带给家长与学生的感受是通过电话没有办法传递的;家访更有利于教师和家长的心灵沟通,双方坐下来促膝长谈的感受与三言两语的电话式对话是完全不同的。教师每天要求家长配合,这里的配合不是家长每天在孩子的作业本上签字,而是让家长从情感上、从内心深处理解教师,心甘情愿地配合教师工作;通过家访,教师能切身感受学生成长的环境,了解学生的家庭经济状况、人文气氛、文化素质等,这有利于教师在教育中理解学生,做到一把钥匙开一把锁。

大多数学校建立了家委会,将其利用好了会成为教育的强大助力。家委会建设从人员组建、机构设置到具体任务、实际运行,都需要完善、完备的实施方案。我校在挖掘家委会教育资源、家长学校建设与培训方面都做了实质有效的工作。班级都建立了微信群或 QQ 群,教师要制定家委会、微信群的使用办法,明确它的职责与任务,时刻注意家长留言动态,保持它的积极教育功能。

相信我们与家长会成为最紧密的朋友,因为我们有共同的"利益",那就是让孩子超越自己。

教学相长，与学生一起成长

"教学相长"出自《礼记·学记》，观点提出以后，随着历代教育家的传承与丰富，成为一条被广泛采用、生命力顽强的教育教学原则。

一、教学相长的内涵与外延

《礼记·学记》文中记载："虽有嘉肴，弗食，不知其旨也。虽有至道，弗学，不知其善也。是故，学然后知不足，教然后知困。知不足然后能自反也，知困然后能自强也。故曰：教学相长也。"翻译过来是：虽然烹制了美味的菜肴，不经过品尝无法领会其美妙的滋味；虽然有深刻的道理，不经过认真钻研学习无法领会其中的奥秘。所以，通过学习与实践，才会发现自己的不足；通过教学实践，才能发现自己的困惑。知道自己学业不足，才能督促自己认真学习；感到困惑，才能不倦钻研、提高自己，所以说，教与学是相辅相成、相互影响的。

从对《礼记·学记》文本及成书的背景分析看，教学相长中的"教学"是指教与学两种教育活动。"相长"的意思是相互促进。"学"并不是从学生角度出发的"学"，而是从教师方面所说的"学"，也就是教与学两种活动的主体为教师，在其身上相互促进、相辅相成。不过，随着教育的发展，尤其在辩证思维的影响下，"教学相长"得到了拓展，不再仅限于教师这一方面，而是被转移到了整个教学活动，也包含了教师的教与学生的学之间的相互促进、共同提高。

陶行知先生把中国传统教育、社会现实与西方先进教育理论相结合，提出了"教学做合一""以教人者教己"等教育主张，为师生间相互学习、相互促进

▶ 静听校园拔节的声音

的关系打下了坚实的理论基础；毛礼锐、沈灌群主编的《中国教育通史》将"教学相长"作为教学原则来解释，认为其"揭示了教与学之间相互制约、相互渗透、相互促进的既矛盾又统一的关系"；王炳照编写的《简明中国教育史》深刻揭示了教与学之间的辩证关系，即相互依存、相互促进，"学"因"教"而日进，"教"因"学"而益深。

教育家对教学相长及师生关系平等的理论与实践不断内化，从而使"教学相长"的内涵持续延伸。

二、多方位学习，提高自身能力，实现教学相长

教学相长更多的是对教师的要求，教师自身的"教"与"学"也好，教师的"教"与学生的"学"也好，目的都指向教师水平的提高。教师通过源源不断地接受新的"活水"，不断学习、吸收新的资源，实现"教学相长"。

（1）积极参与学校教研活动，利用外出学习、教学期刊、网络等方式获得新的教学理念及教学方式，融会贯通后提升教学水平。比如，在对"高效课堂"的认识与研究上，我原认为高效课堂教学就是在课堂有效时间内让学生成绩优异。但在学习与实践的过程中，我终于认识到"高效率的课堂，不仅是学生学有所获，更是投入和产出比较合理的课堂。这样的课堂中，学生乐学，既掌握了知识，又增长了能力；老师乐教，不再声嘶力竭，而是师生互动，适时点拨，少讲精讲"。同时，必须明确学生在课堂上的主体地位，培养其求知品质，使其在课堂教学中学会学习；从改善学生课堂情绪、课堂气氛方面入手，提升课堂信息传递速度，根据学科特点改善课堂教学效率，提升学生各方面素质。总而言之，教师不应该去寻找适合教育的孩子，而应寻找适合孩子的教育。

（2）向同事积极虚心请教，探索适合的教育方式。我较为重视表扬教育，但在实际工作中，只有运用得当，才能起到鼓励作用，若运用不恰当，会挫伤学生的积极性。

第一辑 教师篇（与学生共成长）

参加工作的第二年，刚过完春节，学校新成立了一个艺术班，我"有幸"教他们并担任班主任。此时，我同时教3个班的语文课，任2个班的班主任，工作量"简直了"。新成立的艺术班有几个能够考上本科的学生，各科教师都将他们当作"大熊猫"。其中一位学生的语文成绩特别差，影响了总分。他也放弃了学习语文，说自己没有语文细胞。为了鼓励并激发他的学习兴趣，我经常在课堂上对其进行表扬。一次课堂上，一个简单的问题被他回答出来，我又表扬了他。这时，一个学生嘀咕道："就知道夸'大熊猫'。"

回到办公室后，我的脑海中总是想到刚才学生说的话，很是不安，难道我的表扬有问题？和办公室的同事说出了自己的疑问后，同事们开始热情"献宝"，各抒己见。其中，一位老班主任的话语让我印象非常深刻。他说："表扬教育不可能脱离表扬事件独立存在，它讲究艺术性。"我开始反思自己的表扬教育，我对"大熊猫"的激励和表扬已经引起其他同学的不满，出现了同事所言的"表扬一个，打击一片"的情况。甚至一位女同事拿出包里的化妆镜，开玩笑地和我说："小李老师，你的表扬如同这面化妆镜，总是照'大熊猫'，其他人当然不开心了。"果真如此，课堂教学就如同一面镜子，不同的同学去照，看到的肯定不同，表扬亦是如此。古人云："赏赐不可妄行，恩惠不可妄施。"说的就是这个道理。

经历这次事件后，我开始调整表扬的方式，做到尽量不进行横向比较，鼓励同学们与之前的自己进行比较，只要有点滴进步，都是值得肯定与表扬的；表扬不能过分，"表扬语言"与"被表扬事件"要相匹配；表扬要考虑表扬环境、表扬场合，目的是激励群体，避免"表扬一个，打击一片"。原来表扬都有这么多学问，为此我还专门写了篇论文，发表在了当地的教育期刊上。

（3）学无止境，向学生学习。孔文子尚能不耻下问，我们更应如此。在教

▶ 静听校园拔节的声音

学中，我们必要坚持实事求是原则，不能为了尊严、面子而敷衍学生。我们常说："知之为知之，不知为不知。"在为学生答疑解惑时，遇到自己不会或者不透彻的问题，我们应告诉学生："这个问题我暂时也不太明白，等回去研究后再给你答案。"老师承认自己的不足，并不会影响自己在学生心目中的形象，反而会因为务实精神而对学生产生影响，让学生知道要虚心请教。

一次听课，王老师将"融会贯通"的"会"写成了"汇"。这时，一位同学站起来说："老师，您写得不对。您把'会'写成了'双汇'的'汇'了……"这位同学还没有说完，其他同学就议论开了。王老师示意同学们安静下来，接着听这位同学说。他说："我昨天做题恰巧碰到了，刚查了字典。"王老师没有呵斥这位同学，也没有掩饰自己的错误，而是大方承认了自己的错误，并真诚地说："谢谢你及时指出老师的错误。如果不是你的指出，恐怕我会一直错下去。"看到这位同学开心地坐下来，老师接着说："大家要向这位同学学习，学习他的质疑精神。希望你们也能做到指导老师。"

"闻道有先后，术业有专攻。"在日新月异的信息时代，学生比我们懂得更广、更多已是现实，这个现实更促使我们不敢有丝毫懈怠，不敢妄自菲薄，必须不断学习，提升自己的教学能力，丰富自身的教学实践，让教学相长时刻伴随我们左右。

三、教学相长，与学生共同成长

随着传授知识的媒体不断拓展，学生获得信息的渠道越来越多，自主学习的能力不断提高，教师不再是知识的代言者，也不再是学生获取知识的唯一来源，学生会比教师更先获得某些方面的知识。但是，学生毕竟心智还不够成熟，没有教师的正确引导，很可能在庞大的信息流中迷失自我。所以，不管是教师还是学生，仅凭借自身力量已经很难成功完成教学任务，师生合作、教学相长才是教学的实际需要。

"师生共长"建立的基础是民主平等的师生关系。在这个关系中，教师的知识垄断地位逐渐衰退，开始转向平等者、求知者、参与者的角色；学生的学习不再局限于知识的积累，而注重思考能力的培养。从某种意义上讲，教师和学生之间的界限已经模糊，逐渐建立一种平等的关系，彼此学习，共同进步。在这个过程中，教师要深刻理解学生真正所需及情感态度，将学生作为能动性个体，信任并关心学生；学生对教师也要尊重、理解、信任，将从教师那儿获得的知识内化成自己的。在教育实践中，师生双方要以真实、生动的身份参与，在讨论和对话时，主动将自身情感、思想、态度、观点等投入其中，这样才能让师生相互鼓励、相互激励。

"教学相长"以对话互动的方式开展，教师和学生在教学过程中是最根本的两个个体，二者之间不对话，相互认可、相互理解就无从谈起。在教学实践中，教师的位置应从传授知识向着开启和引导学生精神的位置转变，在了解学生年龄特征的基础上，将自己置身学生时代，站在学生的角度去观察、思考和体验，去感受认识教育中存在的问题，从而找到解决问题的方法，寻找到合适的教学方法。

"教学相长"促进课堂教学不断发展。在教学过程中，课堂教学是师生人生中的必经阶段。从学生的角度讲，课堂教学是学校生活的基本组成部分，其质量高低对学生未来各方面的发展都有直接影响；从教师的角度讲，课堂教学是职业生涯的重要组成部分，其质量高低影响着教师的职业感受及专业水平发展。但很多时候，我们只看到了课堂教学对学生的影响与意义，忽视了课堂教学对教师的意义。对于一个教师而言，课堂教学占据了其大部分的工作时间，在这个过程中，教师也是一个不断成长的个体。可以说，"教学相长"是师生一起全身心投入，一起感受生命的涌动与成长。

随着社会的发展，时代的变迁，教育已经延伸到生命本质的发展上，学习

▶ **静听校园拔节的声音**

已经变成生活中不可缺少的部分，成为教师和学生适应社会发展需要的必备品质。学习目标也从单一性向多元化发展，从掌握知识向掌握各种技能、完善人格发展。这些都要求"师生相互成全、相互发展"，如此也使"教学相长"有了新的意义与内涵。

开设阅读课的尝试

叶圣陶先生说:"阅读的基础不行,语文能力是不会提高的。"新课程标准也一语道出:"阅读是学生的个性化行为,不应以教师的分析来代替学生的阅读实践。"中考、高考的改革逐渐突出语文阅读的重要地位。2019年高考语文题字数达一万字,150分钟减去作文的50分钟,100分钟内读完一万字并理解与作答,对学生的阅读理解能力提出新要求;2019年高考数学题的字数、理解难度也有所增大。阅读能力逐步成为提高学科学业水平的基础。

我校从2018年9月新学期开始设立阅读课,主要包括两种:一是从原语文课中每周抽出一节,学校再给一节自习,形成两节连堂阅读课;二是每天下午放学后,有20分钟阅读小课。阅读课的开设提高了学生学习语文的兴趣,开阔了学生的眼界,给课堂注入了活力;学生作文有了明显进步,一改过去"三老"(老调子、老套子、老例子)的论调,逐渐显示出一派生机勃勃的气象。

开设阅读课,我们是从以下几个方面着手的:

一、思想观念的更新:增加阅读量,刻不容缓

目前,学生的阅读量从量上来说少得惊人。中学阶段共12个学期,按人教版语文课本计算,可供学生阅读的文章共300余篇,这对身心快速成长的中学生来说实在是吃不饱的,加上相当一部分课文没做考试重点对待,所以教师懒得教,学生也懒得看,这无疑使学生阅读量更少。于漪批评说:"现在读得极少,也很少动笔……少读对语文教学是釜底抽薪,少写哪来较好的表达能力?"

因此,为了适应语文教学改革的需要,开设阅读课,增大阅读容量,加快

> 静听校园拔节的声音

节奏，特别是通过阅读加强思维训练，是当前刻不容缓的任务。这不仅是简单地增加课文的篇目，选入更长的课文，还是在有限的阅读课时间内，尽可能地发挥学生的最大潜能，让学生在紧张有效的思维和脚踏实地的实践中领略学习的愉悦，获得实实在在的能力，提高语文素养。

我校读写训练室配备了几万册阅读书籍，设有报刊架。定期展出的学生优秀习作选，定期编印的《读写导报》和《阅读文选》，这些都属于阅读范围。因为要阅读大量的书籍，仅限于阅读课是不够的，课外也需要。这一点需要广大教师特别是班主任给予配合和支持。

二、实施的具体步骤：创造条件，循序渐进

（一）激发兴趣，创设阅读氛围

学生参与阅读的状态如何，往往取决于学生主观能动性的发挥水平。在阅读课上，教师应采用新颖有趣的导入方式，激发学生阅读的主观能动性。教师可讲述与阅读材料有关的人物故事、成语故事，用引人入胜的情节吸引学生；可由幽默、笑话进入，用轻松、愉悦的话语感染学生；可用现代化媒体手段，充分调动学生的想象和联想。兴趣激活了，气氛营造了，学生就能马上进入高效的阅读状态。

（二）明确目标，准确感知阅读材料

中学生对事物的感知并不是十分精确的，他们对事物的认识常常肤浅、简略，注重事物的外部特征，而忽略事物的本质特征，或者追求认识的高效，而浅尝辄止，缺乏对事物认识的公正性、全面性。这些反映在学生的阅读过程中，其对阅读材料的感知也是如此。因此，教师必须认识和掌握学生的这一认知事物的特点，并采取有效方式进行指导。

在学生阅读中，教师要提出明确的阅读要求。这些要求的提出应根据不同材料视情况而定，或重语言，或重理解，或重写作构思，让学生明白，哪些是应该识记的，哪些是应该理解的，哪些是只需体会即可的。同时，教师应要求学生在相应地方做上标记，以待讲解，有不明白的地方可向教师提问。需要指出的是，教师必须对阅读材料有全面系统的理解，然后才能提出相应要求，要求的提出不在多，而在精。学生在某些要求的指导下进行阅读，针对性强了，便能更深刻地感知材料，提高阅读的效率。

（三）分类指导，灵活运用阅读方法

科学的阅读方法是阅读效果的保证，方法对了，阅读会收到事半功倍的效果。为了让学生掌握科学的阅读方法，教师应根据不同文体、不同内容指导学生采用不同的阅读方法。

第一，精读法。对于那些文质兼美的文章，要细读，反复地读，一字一句地读。朱熹说："读书之法，在循序渐进，熟读而精思。""大抵观书先需熟读，使其言皆若出于吾之口。"强调的就是熟读。

第二，略读法。对于那些篇幅较长，内容不是很重要，但学生必须了解的文章，可采用此法。但要注意，略读不是漫不经心，而是快中求知。

第三，读书笔记法。这种方法是深化阅读，把读、写两种能力结合起来的一种阅读方法。叶圣陶说："笔记不是教师要学生缴纳的'赋税'，而是读书学习不能不写的一种记录。"读书笔记不能应付，贵在真实、深刻。

（四）自我检测，不断总结提高

阅读课的目的是开阔学生眼界，扩大学生知识面，活跃学生思维，提高学生的语文素质和能力。为达到这一目的，指导学生定期进行自我检查是很有必要的。具体方法如下：经过一段时间的阅读，通过做题，检测学生的理解能力、

▶ 静听校园拔节的声音

写作水平是否确有长进;抽一节课的时间,让学生以近段时间阅读课上获得的内容为素材进行演讲;进行阅读笔记交流;进行作文互评,检测学生是否能指出其他学生作文的优缺点;等等。通过这些自我检查、自我认定,学生能及时纠正阅读过程中出现的失误。

于漪老师曾指出:"语言文字是民族文化的地质层,积淀了中华文化的精髓。"我们重视阅读、开设阅读课,正是想让学生了解这些精髓。实践证明,它是行之有效的。当然,作为课堂教学的一种辅助手段,阅读课毕竟还不能取代课堂教学,但它已成为语文教学中必不可少的一部分,并且,这一部分为语文教学带来了勃勃生机。

认清问题，找准方向——2019年北京封闭培训动员讲话

老师们，时光荏苒，一年的时间转瞬即逝。去年暑假，我们也是在北京21世纪学校进行7天的封闭培训，分析学校现状、外部环境，分析我们的优劣势，闭关反思总结，并在此取经，用以指导教学实际。一年来，学校常规管理有条不紊，老师们乐业奉献，保证了学校平安、高效运转；老师们在教科研的合力与研究上下细功夫，教科研成果丰硕；学生德智体美劳成绩突出，中考成绩较令人满意。

一、客观分析中考成绩，明确学校短长板及各学科实际水平

明年城区将增加2 000名考生，各校的升学率肯定下降，竞争会更激烈。各学科具体情况如下：

（1）语文。住宿班分值高，达到预期；走读班与其他学校相比没有优势，尤其走读班教师的态度应引起我们注意。

（2）数学。走读班成绩达到预期，住宿班总平均成绩不错，但是40%以上学生（699分以上）分值偏低，住宿班数学教师水平不够。

（3）英语。各校较均匀，半分之差，尤其今年英语中考试题趋于简单，学生分值太高，没有区分度。这一点，教师要对自己有正确判断。

（4）物理。走读、住宿同数学一样，整体弱了些。

（5）化学。化学应该是我校强项，但从数字看优势不明显，并且片内、片外区分度较大。从数理化方面可以看出，渤海中学年轻教师整体能力有待提升，需要持续地学习与提高。

▶ 静听校园拔节的声音

（6）思品、历史、地理、生物都差距不大，地理稍好一些，生物略差。

（7）信息与体育有优势，特别是体育优势明显。这证明我们坚持的"野蛮学生体魄"的思路已见成效，科技型、运动型学校特色有了基础。

老师们，面对较大的竞争压力，面对片内走读生源质量较差的现实，结合学校师资、管理的实际，我们要居安思危，静下心来思考、总结、学习、提高。本次培训会的日程安排结合北京21世纪国际学校的内容已发到各位手中，要注意是以参与北京21世纪国际学校教研为主，同时穿插我校自己的活动（图1-4）。

图 1-4　北京培训会动员讲话

二、我就培训讲几点意见

有些是问题与困惑，希望能找到答案；有些是对教师的要求，希望加以落实。

（1）进一步夯实课程育人的理念和落实路径，利用7天的时间对北京21世纪国际学校的课程再学习。

一年来，我们在课程建设上下了很大的功夫，虽达不到北京21世纪国际学校世纪课程的多样性与选择性，但初显成果。语文《晨风》五校其稿、最终印刷，阅读书目及阅读指导编辑成册，阅读课得到落实。数学学科围绕树立学生数学思维、进行知识结构的重新梳理与重组，在初一、初二已经实施。英语组《快乐英语》已印刷，并在新学期供初一年级使用，同时进一步研究、探索增强学生读、写、说的办法与途径。史地政结合各自学科特点，增强学生的人文素养、家国情怀，深入研究学生的分层作业，强调严禁将史地政课上成背诵课；理化生实验教材推动太慢，要着重增强学生的实验能力、动手能力，使之成为"科技型"校园建设的助力；音美、体育现在已有氛围，需进一步扩大影响，不能仅限于社团成员，应使学生人人受益；保证心理、环境、安全等课程的课时，使其成为培养全面发展人才的有益补充。

德育课程效果显现，以各学科课堂、班会、升旗仪式、学生自主管理、公益活动、助残活动、励志活动、家长学校为主体的德育课程体系初步形成。新学期一要加强学生自主管理，探索自主管理办法及制度；二要家长学校课程化、课程系列化，不能零打碎敲地做场报告了事，我们片内家长很需要受教育；三要增强活动的计划性，尤其德育处要控制节奏，避免过密或过稀。

（2）研究高效课堂，向高效课堂要效益。

我们不建模，但要求各学科结合实际形成高效课堂理念与实施办法。重点有三：一是备课，要严格按照学校要求进行个人备、集体备，广泛收集资料，广泛学习他人上课，将课标、教材文本烂熟于胸，形成自己的独创；二是关注课堂，不管先学后教、先教后学、边学边教、少教多学、少学多教等顺序、多

> 静听校园拔节的声音

少如何，不可一概而论，以学定教才是教师为教的守则，当中又包括学情的研究、现代教学手段的运用、教师个人性格智慧的发挥，这些都指向高效完成；三是改革学生作业，科学设计考卷，减少和杜绝低效、无效、耗时的学习行为。7天时间，我们与北京21世纪国际学校的老师共教研，充分利用机会交流、取经。

（3）正确判断与分析自己，认识自己能力不足的问题。

一年来，学校着力进行了师资队伍培训，280人次参加省、市的培训或听评课活动。这是因为我们深知教师队伍的整体素质是决定教学质量的决定因素之一。今年中考，片内的生源同相邻兄弟学校一样，我们却教出了一流的成绩，就是有赖教师队伍的整体素质。

作为教师，一要砥砺教学功底，聚焦教学实效。施教之功，贵在诱导，妙在转化，重在开窍。二要自觉进行教学反思，潜心于教育研究。反思是成长的必由之路，成功点、失败点，要静下心来、坐下来，好好分析。三是不断学习，讲求与时俱进。学习国家有关教育的方针政策，学习理论学说，向他人学习、向书本学习，并在学习过程中研究我们面对的新问题、新矛盾，找到解决之策。

（4）充分认识家委会、媒体及社会舆论等非学校因素对教学的影响。

社会发展日新月异，学生、家长存在各种情况，社会舆论猎奇心过重，我们又是市直学校，位置特殊，一有"风吹草动"易处于旋涡中心。这就要求我们认真学习法律法规，培养处理复杂问题的本领、能力，充分发挥家委会的积极作用（有班级开学半年还没有家委会，也有教师跟家长零沟通，这些都是不允许的）。只有积极与家长沟通交流，才能让外围环境变成我们教育教学的帮手而非阻力。

三、深入学习贯彻《关于深化教育教学改革全面提高义务教育质量的意见》

中共中央、国务院下发《关于深化教育教学改革全面提高义务教育的意见》（以下简称《意见》），立足培养德智体美劳全面发展的社会主义建设者和接班人，对深化教育教学改革、提高义务教育质量进行了全面部署，体现出以下几个鲜明特点：

（1）牢牢把握育人方向。落实立德树人的根本任务，着力培养担当民族复兴大任的时代新人，这是我们必须坚持的育人方向。

（2）紧紧抓住关键要素。《意见》着眼"教和学什么"，提出要坚持"五育"并举，全面发展素质教育，强化德育、体育、美育和劳动教育应有地位。着眼"怎么教和学"，从优化教学方式、加强教学管理、完善作业、考试、辅导等方面提出具体措施，切实提高课堂教学质量。着眼"谁来教学生"，强调按照"四有好老师"标准，建设高素质专业化教师队伍。

（3）有效突破教育发展瓶颈。着眼办好和管好义务教育，《意见》提出要深化关键领域改革，为提高教育质量创造条件。

（4）大力营造良好教育生态。《意见》提出，构建学校、家庭、社会"三位一体"的协同育人格局，统筹全党全社会力量共同支持义务教育改革发展，开创新时代义务教育改革发展新局面。

我们要认真学习、深刻领会，将其落实到教育教研中，用以指导教学实践。

四、本次培训纪律要求

（1）统一思想，深刻反思；摆正位置，虚心学习。

（2）严格培训时间要求，严禁迟到、早退、我行我素。

▶ 静听校园拔节的声音

（3）时刻注意个人形象，积极发言，踊跃参与活动；避免自高自大，做出有损学校形象的言行。

（4）封闭培训，严禁外出。

第二辑　学生篇
（每个孩子都与众不同）

少年智则国智，少年富则国富，少年强则国强，少年独立则国独立，少年自由则国自由。

——梁启超《少年中国说》

孩子是国家的希望，代表着国家的未来。教育关乎孩子的未来，更关乎国家的未来。那么，什么样的教育才是适合孩子的教育呢？《国家中长期教育改革和发展规划纲要（2010—2020年）》提出："关心每个学生，促进每个学生主动地、生动活泼地发展，尊重教育规律和学生身心发展规律，为每个学生提供适合的教育。"这是国家对教育提出的要求，是大众对教育的期盼，是每个教育者的责任。只有从学生的角度出发，关注其成长，教育才能拥有真正的内涵——为学生提供合适的教育，这也是21世纪教育发展的出发点及归宿。

爱国从小事做起
——升旗仪式上的讲话

老师们，同学们：

今天，我们全校师生 2 600 多人齐聚于此，共同举行新学期的第一次升旗仪式，站在新学期的起跑线上，我们倍感新奇与激动。原本我讲话的主题是"规划新学期"，想寄语年轻的你们新学期的期望，但现在，我讲话的主题变了，因为今天是"九一八事变"发生的日子。

这个特殊的日子，站在国旗下，我们必须提起心底真诚的爱国主义。1931年的9月18日，日本关东军炸毁沈阳柳条湖附近的南满铁路路轨，栽赃嫁祸于中国军队，并以此为借口，炮轰沈阳北大营，发动了震惊中外的"九一八事变"。九一八事变标志着日本侵略战争的开始。自此，英勇的华夏儿女奋起反击，最终是正义的中国人民取得了完全的胜利，但这场战争给我们整个民族带来了深重的灾难。

今天，我们的祖国独立了，富强了，可我们面对的国际形势依旧复杂，周围的国际环境并不太平。作为新时代的青少年，必须要有危机意识、责任意识和家国情怀，祖国的疆土等待着你们去守卫，祖国的明天等待着你们去建设，中华民族伟大复兴的中国梦也等着你们去实现。

国家兴亡，匹夫有责。爱国不是一句空话，它貌似离我们很远，实际就在我们身边。爱国并不是一定要我们每个人都冲锋在前、上阵杀敌。在我看来，做好身边的小事就是爱国：国歌响起，我们面向国旗，肃然而立，脱帽行注目礼是爱国；随手关上没有拧紧的水龙头、随手关上电灯，节约国家的资源是爱

▶ 静听校园拔节的声音

国；走在路上不闯红灯，文明出行是爱国；上网时看到诋毁国家的言论自觉抵制也是爱国……爱国就是从这些日常生活中的小事中展现出来的。

对于中学生，我们应该怎么爱国呢？我想，应该做到以下三点：

第一，爱自己，爱生活。爱自己不是放纵自己、贪图享受，这个"爱"是"真爱"。具体而言，这个"爱"主要包括以下两个方面。一是珍爱自己的生命、珍爱自己的身体。身体是革命的本钱，身体也是爱国的本钱，没有了生命、没有了健康的身体，一切都无从谈起。我们应该养成良好的作息习惯，遵循休养生息的自然规律；养成良好的饮食习惯，杜绝垃圾食品，不吃无证摊贩没有卫生保证的食品；经常参加体育锻炼，培养强健的体魄；还要保持心理的健康，成为阳光少年。这是未来一切学习和生活的基础，毛泽东提出的"野蛮其体魄"讲得就是这个道理。二是珍爱自己的人生。人生有限，我们应该将有限的生命投入到有意义的事情上。这就要求中学生要学会规划自己的人生，远到自己理想的大学，从事的职业，执着的事业，一生的追求，毕生的梦想；近到初中三年乃至最近一年、一学期甚至一周一天应该如何度过，我们将自己的时间、生活规划好，这何尝不是一种爱国呢？爱自己、爱生活，做好自己就是爱国。

第二，爱父母，爱家庭。在班级里，你是班级50名同学中的一员，是五十分之一，但在家里，你是父母世界的全部。有句歌词写得好："家是最小国，国是千万家。"你在父母心中的地位如同"国家"，他们爱国就是爱你，因此你爱国就是爱父母，爱家庭。在家庭生活中，多体谅父母的良苦用心，适当分担一些家务劳动，如父母累了，给他们泡杯热茶；父母饿了，给他们煮碗面条；父母不开心了，陪他们去散散步，给他们讲个笑话。在学习上，勤奋努力，用一张张奖状去回报他们，让他们少操心。这些都是爱父母的体现。同学们，爱是相互的，不要让自己父母的爱成为单相思。家庭和睦了，健康了，父母的工作自然会顺心如意，家和万事兴。爱父母、爱家庭就是爱祖国。

第三，爱集体，爱北中。大家齐聚北中是缘分，北中为大家的成长提供了舞台，你们的优秀也成就了北中的优秀。对于北中及北中的教职工来说，你们就是我们的"祖国"，我们爱你就是爱祖国；你们的爱国就从热爱班集体、热爱北中做起，从忠于自己的学业开始。用自己的努力让这个集体变得更好，为班级、为北中增光添彩；为北中节约水电，维护北中的校园环境，遵守北中的规章制度；积极参与各项活动，丰富和壮大自己；尊敬老师，团结同学，能正确处理各种关系。当你在这里度过三年，走向更广阔的天地时，感觉与学校有太多的不舍，这就是爱国。

同学们，爱国是很抽象的一个词，但它包含的每一个动作、每一种行为、每一件事情都很具体、很实际。梁启超说："少年强则国强。"我想，我们祖国的每一个中学生都能够爱自己、爱生活，爱父母、爱家庭，爱班级、爱母校，将来走进社会也一定可以自信阳光地爱工作、爱单位、爱亲友、爱事业，我们中华民族伟大复兴的中国梦也一定可以实现。

同学们，请你们记住，无论你以后走到哪里，在哪个国家学习或生活，我们心底一定要有一面鲜艳的五星红旗在飘扬。这是母校对你们最基本的爱国主义要求。

谢谢大家！

2017 年 9 月 18 日

▶ 静听校园拔节的声音

成就最好的自己
——升旗仪式上的讲话

老师们，同学们：

以今天的升旗仪式为标志，新学期开始了。本学期时间特别短，只有18周，中间又有清明节、五一劳动节、端午节等假期，同学们实际在校的学习时间屈指可数。初一、初二年级有效学习时间为90天左右，初三只有60多天，更应该是按天计划。所以，同学们应该迅速从悠闲的、游戏的、松散的假期生活过渡到紧张、有秩序的学习生活中。这个过程越短，证明你自控的能力越强。我给同学们定的时间是最长一周，最好3天内调整到位。

新学期、新气象，同学们准备好迎接新的一年了吗？今天，我跟同学们讲话的主题便是理解与践行校风，成就最好的自己。你们入学时便知道我们的校风：明志、勤奋、求实、创新，但是你真正了解它的内涵吗？你又打算如何用行动践行校风？

明志：表明心志，树立自己的志向。我们北镇中学的学生志向是什么呢？答案就是我们的育人目标：高素质、高品位、高分数。这三高目标是一个整体，不能理解成先有高分数，再有素质与品位，它们应该是同步进行的。假若我们培养了一个具有高分数但没有素质，甚至对社会有害的学生，那是学校的悲哀。具体来看，我校的三高目标是国家"培养德智体美劳全面发展的社会主义建设者和接班人"教育目标的具体化、校本化。

素质与品位是我们血液中自然流淌的东西，是我们的价值观、人生观、世界观，是我们在成长过程中通过学习与感悟形成的性格的东西。爱国、敬业、诚信、友善是素质与品位；自立、自强、拼搏、奋进是素质与品位；尊重他人、遵守秩序、扶弱济贫、光明正大是素质与品位；勇敢担当、积极进取、实事求是、有所作为是素质与品位。同学们，当你与这些闪闪发光、充满正能量的词为伍的时候，当你将这些词融入血液形成自己性格的时候，你会发现自己也成了一个闪闪发光、充满正能量的人。性格决定命运，你的命运会因此不同。

今天是3月5日，是我们缅怀和学习雷锋同志的日子。那么，学习他的什么？乐于助人、奉献自己。我们不仅是今天学、今天做，还应该将这些优秀品质形成为个人性格，天天做，一辈子都做。需要指出的是，价值观中的友善并不是软弱、懦弱，也不是忍让、没有血性，同学们要明辨是非、知对错，知道自己要坚持什么、反对什么。

勤奋：勤劳、奋斗，付出努力，认认真真地干好一件事情，不怕吃苦、踏实工作。我在元旦文艺晚会对同学们的寄语中有句"持之以恒地奋斗"，语自我们的校风，告诫大家奋斗不是一天、一周、一月、一年之功，而是终生奋斗，这样才能领略人生路上的万千风景。

在人的一生中，我们扮演怎样的角色呢？是一名路过者、旁观者、参与者，还是引领者？这都取决于明志与勤奋，唯有持之以恒地奋斗，我们才可能是社会发展与建设的参与者和引领者。

求实："求"就是探求、寻找，"实"就是实事求是、事物发展的客观规律。探求寻找事物发展的客观规律，并尊重它，为自己所用。对学生来说，求实主要是探求学习过程中的规律并把握好。每一学科都有各自的特点，每一个级部都有各自的特点，每一个人的实际情况也不尽相同，自己一定要对个人有一个真正的、真实的认知，在学业上是如此，生活中也是如此。

求实需要我们不时地反思、检点自己：一是思考方向有没有跑偏，定下的

▶ 静听校园拔节的声音

阶段性目标完成如何，有没有抗拒电子游戏的诱惑，有没有交友不慎；二是思考自己的方式方法有无问题，做事、学习效率如何；三是思考如何坚持与改变，以事实为基础，尊重规律，避免自卑或自大。

创新：以现有的思维模式提出有别于常规或常人思路的见解，利用现有的知识，本着理想化需要或为满足社会需求，而改进或创造新的事物、方法、元素、路径、环境，并能获得一定有益效果的行为。

作为学生，如果初中阶段只是学会些许书本上的知识，那是失败的，正确的做法是学会思考，学会思考课本知识的来龙去脉，思考自然社会的诸多规律，思考学习的方法与效率，从探求中产生、创造新的东西。学生本身就是新生力量，是中国少年，要成为建设中国的参与者、引领者。

同学们，明志、勤奋、求实、创新的校风是山东省北镇中学建校 66 年来形成的精神财富，我们脚下的老校区就是这种精神的发源地，让我们秉承优良校风，以新学期为起点，在成长的路上成就最好的自己。

2018 年 3 月 5 日

奋斗吧，少年
——2018年新年贺词

各位领导，老师们，同学们：

欢歌唱盛世，金犬迎新春。2018年的曙光将要洒向我们美丽的校园，在这辞旧迎新的时刻，我代表学校向敬业奉献的老师们，向拼搏进取的同学们，向助力北中发展的领导、家长们，致以诚挚的问候和感谢！

2017年，学校积极贯彻落实党和国家的教育方针，全校师生立足实际，朝着"高分数、高素质、高品位"的目标砥砺前行。今年中考，我们450名毕业生升入北中高中部学习，升学率、人数居全市第一；本学期，我们狠抓教学管理与课堂效率，力保2018年的中考成绩再有提高；我们在初三完成课程以后，启动计算机、数学、物理的奥赛，积极与高中课程对接；我们在抓高分数的同时，大力开展体育、艺术、科技等方面的素质教育，合唱、民乐、素描、剪纸、机器人等多个社团活动制度化，校园足球市长杯取得第四名的成绩，并与北京市八一中学成功对接。本学期，我们成功举办秋季运动会、英语书法比赛、演讲比赛、化学低碳知识竞赛、物理实验技能大赛、文综知识竞赛、初一才艺大赛等多项活动，让校园充满读书声的同时，充满了歌声、笑声、呐喊声。

"旧岁已展千重锦，新年再进百尺竿。"新年来临之际，我对同学们有四句寄语。

第一，要持之以恒地奋斗。奋斗是为一个目标去战胜各种困难的过程，这个过程会充满压力、挫折、痛苦，但也充满了激情与快乐。持之以恒地奋斗应该是我们每个人一生的底色。只有这样，我们才能有丰收的成果与喜悦，才能有人生每一个阶段的精彩与收获。

▶ 静听校园拔节的声音

第二,学会思考。学会思考对从一名小小少年成长为一名青年的你们尤其重要。你们要学会在思考中判断对与错、是与非,要学会在成长中思考,思考自己的学习,思考自己的将来,思考与这大千世界诸多的关系,并从这诸多的思考中形成自己正确的三观,成为独特的自己。

第三,懂得感恩。感恩是一种处世哲学,也是生活中的大智慧。一个智慧的人,不应该一味索取,不应该过多地指责与抱怨。学会感恩,感恩父母、老师、同学、社会和国家,感谢生活给予你的一切,如此你会发现自己始终处在一种温暖、和谐的环境中,你会发现自己收获的比预想的还要多。

第四,身心健康。身心健康貌似没必要登上新年贺词,但我觉得对同学们的寄语中最重要的是这一点。身心健康是我们生活、学习等一切活动的基础,它提醒我们要对自己的生命负责,时刻注意安全问题,更要注意不要主动地走向不安全。唯有身心健康,才能领略人生长路上的万千景色。

老师们,同学们,让我们始终保持一种迎难而上的勇气,一股不达目标不罢休的志气,携手并肩,共同推动学校各方面工作再上新台阶。

衷心祝愿大家新年快乐!万事如意!

最后,我宣布"奋斗吧,少年"2018年元旦晚会开幕(图2-1)!

图2-1 "奋斗吧,少年!"2018年元旦文艺晚会

开学第一课
——升旗仪式上的讲话

老师们，同学们：

今天的讲话从"开学第一课"讲起，今年中央电视台的"开学第一课"饱受争议，特别是"娘炮"之风受到社会指责。我对此的看法是，他们可以作为一个人的个性，或一种性格存在，但不应成为竞相模仿和崇拜的对象。当今娱乐至上的一些节目、一些明星误导了青少年"三观"的形成。前几天，网络上也上传了日本小学体育课的内容，他们要求完成的动作是单杠、侧体翻、跳马，并且要求全部过关。有了这个对比，很多人开始反思，长此以往，再有国难，我们的青少年将把国家带向何处？这是一个严肃的话题，也是每一个中国人应该思考的问题，更是一名教育者应该思考的问题。

我校的开学第一课是这样安排的：一是军训，以身体训练的方式野蛮其体魄，锤炼意志，增强团队意识和集体观念；二是初二、初三都进行了开学考，意在帮助学生检测暑假期间是否努力，找准现在的位置，从休假状态进入学习状态；三是北大学子刘嘉森的励志、学习方法演讲，意在给同学们树立真正的榜样，找到学习过程中可以借鉴的方法。同学们应深刻理解学校的良苦用心。

大家知道，我校的培养目标是"高分数、高素质、高品位"，校风是"明志、勤奋、求实、创新"。这二者是紧密相连的，培养目标是目的、是结果，校风是通向目的的手段、方式。记得在一次升旗仪式上，我给大家从理论上解释了校风的深刻含义。今天，我们不妨结合北大学子刘嘉森的经历再理解一下。刘嘉森的报告结合其个人成长经历，以轻松幽默的方式呈现，但我们要学会透过轻松的表面看它的本质。

▶ 静听校园拔节的声音

本质一，勤奋。我注意到了这样几点，大年三十晚上的深夜，他在刷题；为他指点迷津的师兄为了节约时间，半天只去一次厕所；初高中的寒暑假都在学习或是干与学习有关的事情。还有一点，从我与他交往的两个小时观察出来：他在利用一切碎片的时间看书学习，如吃饭等人的空闲、办公室聊天的空闲、等同学报告的空闲等。干什么？看书。这样的习惯能保持到现在，证明是多年的坚持造就的。勤奋，字面是勤劳、奋斗。我们想干成一件事，离开了这两个词，再高的天赋都是伤仲永。幸福是奋斗出来的，奋斗的青春最充实、最美丽、最有价值。

本质二，要有目标。我们校风中有"明志"一词，表明自己的志向，志向、目标指引前进的方向。刘嘉森在初中阶段的学习中，目标是考取全班前列、年级前列，在高一阶段，他是年级五六百名的孩子，直到文理分科才到前列。接着，他将这种目标一直保持到了被北大录取。在整个初高中学习过程中，他目标非常明确，要优秀地完成各学段的学业，并积极参与学校的多项活动。无独有偶，我们北中去年考取北京大学的付睿浩同学在他高一时所写的作文《关于理想》中如此写道："三年后，父母接到北京的电话，告之我被北大录取。"事实也是如此，情景同他的作文完全相同，这就是志向的力量。

同学们个性不一、情况各异，所以我们不要求目标全是名牌大学，但至少自己要有想法，在学业、美术、音乐、体育、劳动、社会实践等方面皆是如此。

本质三，不断地思考并调整自己学习的方法。我们在生活、学习的过程中，不可能一帆风顺，遇到阻力需要我们思考并调整，是方向错了？是方式方法错了？刘嘉森在语数外的学习过程中都进行了长时间的思考与改变，最终找到了适合自己的方法。面对语文作文结构方面的短板，他用了一个又笨又管用的方法，每天背一篇高考优秀作文，以解决结构问题；数学选择的大题，他连续几个月用刷题的办法找规律；英语的书写，他思考得更多，不仅研究字号大小，研究高考试卷中格子的大小，还书写出了具有自己版权的"衡中书写体"。他在很多时候都在问自己做事的方法对不对。

同学们，在去年的元旦贺词中，我送给大家的寄语中有一句"要学会思考"，你们要在思考中成长自己、完善自己，要掌握并尊重规律，对方式方法有所创新，然后才能有所成就。

我们必须接受一个现实，那就是诸如学业、学识、知识、能力、智慧、性格、健康这些决定我们自身命运的大事，只有靠自己的努力才能取得。在这一点上，命运是公平的，父母、亲人、老师都不能为你代劳。同学们，现在设想一个问题，如果抛开父母家庭，作为一个个体而言，你拥有什么？

是健康的身体？我们有没有跑三圈就气喘吁吁？我们身体能不能很好地支撑繁重的学业？我们有没有健康的心理？我们能否自己处理各种矛盾并承受压力与挫折？英语方面，初中快毕业了，我们能不能进行简单的英语对话与交流？数学题能解出几道？文言文能看懂几篇？能不能熟练地使用母语？是否能同同学、老师、父母进行良好的沟通？将来我们是要凭这些走出滨州，走出山东，甚至走出国门；我们是要凭这些让自己强大，让国家有尊严。

先给自己定一个小目标：团结同学，尊敬师长，拥有健康的身心，感恩父母与社会，考入理想的高中，逐渐成长为一个充满正能量的人。生活从来不会亏待真正努力的人，我们今天所流下的汗水，总有一天会铸成未来的路。

谢谢大家！

2018 年 9 月 25 日

▶ 静听校园拔节的声音

励少年壮志，筑无悔青春
——在2018级新生开学典礼仪式上的讲话

尊敬的各位教官、家长朋友们、老师们，亲爱的同学们：

大家上午好！今天我们满怀激动的心情，在历久弥坚的老北中校园盛装集结，在各位领导和嘉宾、家长代表、初一全体教师的共同见证下，隆重举行2018级新生开学典礼暨军训开营仪式（图2-2），用军训的形式励少年壮志，以青春的名义筑无悔人生。下面我提议，让我们用最热烈的掌声，欢迎2018级新同学的到来！欢迎你们！

图2-2　军训动员大会

第二辑　学生篇（每个孩子都与众不同）

同学们，请记住今天这个特殊的日子，2018年9月4日。从今天开始，你将是一名初中生，也是你从一名儿童成长为一名少年的标志。少年智则国智，少年富则国富，少年强则国强。你将会有更多的责任与义务，将会有更多的困难与挫折等着克服。特别是刚开学，你们需要接受和适应初中学业增加的问题，需要处理住宿生活自理的问题，需要处理与新老师、新同学相互熟悉的问题，等等。这里面有一些问题在你们看来是很难解决的，是一座高山，但孩子们，唯有不断地克服困难才能不断地成长，唯有登上高山才能领略万千的风景。

同学们，在你们迈过少年的门槛之际，我对你们有几句寄语。

第一，要持之以恒地奋斗。奋斗是为一个目标去战胜各种困难的过程，在这个过程中充满压力、挫折甚至痛苦，但也会充满激情与快乐。

我们北中已经风雨兼程地走过了六十六载不平凡历程，润育了初高中毕业生六万余名，你们的学姐、学长当中有一大批都成了国家的栋梁之材。今年的高考中，多人裸分达到清华、北大的录取分数线，其中我校初中毕业生冯建龙被北大录取，他的班主任是现在2班的班主任王翠华老师。在今年的中考中，我们初中部（含渤海初中）考入北中高中部的总人数、录取率均为市区前列。

究其原因，就在于他们持之以恒地奋斗，奋斗成就了自己，也成就了老师与学校。作为校长，我同样坚信，持之以恒地奋斗将成为你们每个人一生的底色。先定一个小目标，然后持之以恒地奋斗，这样才能有人生每一个阶段的精彩与收获。

第二，要学会思考。学会思考对从一名儿童成长为少年的你们尤为重要。你们要学会在思考中判断对与错、是与非，你们要学会在成长中思考自己的学习，思考自己的将来，思考与这大千世界的诸多关系。要从这诸多的思考中形成自己正确的三观，成长为独特的自己。

▶ 静听校园拔节的声音

　　第三，学会感恩。感恩是一种处世哲学，也是生活中的大智慧。一个智慧的人，不应一味索取，不应过多指责与抱怨，要学会感恩，感恩自己的父母、老师、同学、社会和国家，感谢生活所给予你的一切。如此，你会发现自己始终处在一种和谐的、温暖的环境中，你会发现自己收获的比预想的要多。

　　第四，要保持身心健康。身心健康是我们生活、学习等一切活动的基础。北中有一个"安全数论"，安全是1，其他成功要素都是1后面的0，只要安全这个1在，后面的0越多，数值越大，你的人生价值也越大；1不存在，后面再多的0，人生价值也是0。前天，市内某高中的一名学生，放学骑电动车回家的途中，不幸发生车祸离世；整个暑假期间，新闻不断报道溺亡学生的事件。这些都让人悲痛不已，也提醒我们时刻要对自己的生命负责，时刻注意安全问题，更要注意心理健康问题，多与同学、老师、家长保持良好的沟通和交流。

　　唯有身心健康，才能领略人生长路上的万千风景。

　　同学们，"古今立大事者，不惟有超世之才，亦必有坚忍不拔之志"。入学军训将是迎接你们梦想征途的第一道考验（图2-3）。在这里，军训不仅是对你们身体的考验，更是对你们意志品格的磨砺！训练过程中，会有酸楚的泪水，会有苦咸的汗水，但这些都是你们成长道路上必须跨过的沟沟坎坎，真正的强者，是眼含热泪却依然选择奋力奔跑的人。

　　在此感谢各位教官，真诚地希望你们把优良的作风和业务本领传递给我们的学生，也要根据天气、学生的身体情况安排训练。各位班主任要认真做好精神鼓励和保障工作，利用军训，凝聚班级团队；利用军训，发现孩子们的优秀品质。

图 2-3　入学军训是迎接梦想征途的第一道考验

同学们，老师们，朋友们，生活从来不会亏待真正努力的人，我们流下的汗水，总有一天会铸成未来的路。站在新的起点，让我们携手并肩、家校努力，为了孩子和祖国美好的明天，奋力前行！

谢谢大家！

▶ 静听校园拔节的声音

每个孩子都是独一无二的存在

"白日不到处,青春恰自来。苔花如米小,也学牡丹开。"存在即合理,每朵花都有盛开的理由,每一个学生的存在都有其合理性。作为教师,要关注每一个学生的情况,做到"一个都不能少",真正让"教书育人"的意义得以完成。

一、每一棵树都有其存在的价值

盛夏难得的休息日,朋友呼朋引伴去济南爬山。在上山的半路上,朋友回望山脚下杂乱无章的树丛,不禁感叹道:"这些灌木太乱了,真不如伐掉栽树苗,将其开发成林场,这样既能有计划砍伐,还有一定的观赏价值,一举两得,岂不是更好!"朋友的感慨不无道理,获得不少的附和声。随之,我们继续爬山,山路越来越难走,峭壁也越发险峻,山中杂乱无章的灌木却越发茂盛。朋友见此情景才恍然悟出:这山上只能生长一些无名的杂木、灌木,正是这些灌木丛才让整座山都绿意盎然!

大树有大树存在的价值,杂木有杂木独特的风景,每一棵树都有其存在的价值。生存状态千差万别,是其生长的环境和所处的外在条件决定的,也正是不同类型的生存状态造就了大千世界多样的生物,才让大自然呈现出多彩的一面。在山上生长的杂木虽然无法如大树一般成为栋梁之材,有些甚至都无法被砍成柴,不过其存在就有合理性,大山无法离开它们,它们与其他植被共同构成了森林生态,人类生存更是无法离开它们。

俗话说:"十年树木,百年树人。"看似平白无奇的话却蕴含着深奥的哲理。

第二辑　学生篇（每个孩子都与众不同）

木材与人才存在相似的地方，每一棵树木的存在都有价值，每个生命的存在都有其合理性。人类社会的发展需要精英，需要这些人士来创造历史、引领未来、改变世界，但单纯依靠精英这一独立的个体是无法完成上述这些事情的。离开亿万普通大众，就算精英再伟大，再能干，再能量满满，也无法独挑大梁，其要想创造历史，引领未来，改变世界都会显得力不从心。

人类共同创造的历史，既离不开精英的引导和创造，又离不开普通大众的支持与参与。社会发展不仅需要出类拔萃的科学家，还需要手持普通工具的大众，社会发展既无法离开精明的商人，又不能缺少朴实憨厚的农民；社会发展需要救死扶伤的白衣天使，也需教书育人的灵魂工程师……社会的不断前进，伟大和平凡二者必不可少，优秀和普通也是无法缺少的。这就如人一般，每个人都有其存在的价值，都有无法替代的重要作用。人才的多样性不仅满足了社会岗位需要多样人才的要求，还满足了人类基本的生存需求。

作为一个教育者，我们深谙这一道理吗？我们重视每一个学生的独特性和唯一性吗？千年之前，孔子就提出"因材施教"的原则，但在实际教学中，我们会选择什么样的态度、方式来看待每一个学生呢？会对每一个学生给予同样的重视吗？是否会采用统一的标准去要求所有学生？是否会采用统一的教学模式去教育学生？我们对学生的智力、性格、经历、潜力能否形成一个客观、长远的判断？我们是否只关注了他们成绩是否优异、学习时是否听话？

在教育学生的过程中，我们作为教育者、工程师，要做到准许学生长成参天大树，也要允许学生成为山坡上的丛林。参天大树是社会的栋梁之材，而丛林也是生态中不可缺少的独立存在。我们要重视每一个学生，给予足够的关注，采取科学合理的教学方法，让他们感受到自己受重视，才能造就学生的多样性。

▶ 静听校园拔节的声音

二、每个学生身上都有闪光点

16岁的琼尼·马汶是加拿大高中一年级的学生，读书非常吃力。他的班主任将他叫到办公室劝他退学。

"我一直非常用功地学习。"马汶非常苦恼地说。

"问题就出现在这个地方，孩子。"老师说，"你读书非常用功，进步却看不到。高中的课程对你而言显得非常难，再这样下去，恐怕只是浪费时间。"

马汶听到老师的话后，双手捂脸说："这样，我的父母会非常难过，他们一直都希望我能出人头地。"

老师按着马汶的肩膀，语重心长地说："画家无法完整地背出乘法表，工程师不认识音乐简谱，这都是稀疏平常的事情。每个人都有自己擅长的领域。终究有一天你会找到属于你的天地，发现你自己的特长。到那个时候，你的父母肯定会为你感到骄傲的。"

从这以后，马汶就离开了学校。

当时，城市的活计非常少。马汶就找了一个整理园圃、修剪花草的活。不久之后，这位雇主注意到了马汶的手艺，只要经过他修剪的花草，长得都非常茂盛。这位雇主对他非常欣赏，周围的人称他为"绿手指"。

某一天，他来到市政厅，又碰巧遇到了一位参议员。他看到市政厅前面的垃圾地，提出将这里改造成花园。

参议员说："市政厅没有这笔钱。"

马汶说："我不要钱，只要允许我做就可以了。"

参议员听到他这样说十分惊讶。因为从他进入仕途这条道时起，就从来没有听过办事不要钱的。参议员把马汶带到了办公室，立即帮他办理好了所有需要的手续。

当天下午，马汶就拿着工具，带着种子和肥料开始了他的工作。一位热心肠的朋友提供了树苗，一些熟识的雇主让他去玫瑰园剪玫瑰扦插，还有一些朋友提供了制作篱笆所需的材料。没过多长时间，那块肮脏的垃圾地就变成了一个漂亮的公园：翠绿的草坪、幽静的小路。游人坐在旁边的椅子上还能听到鸟儿的歌声。全市的公民都对马汶竖起了大拇指。

马汶到现在依然没有掌握法语，拉丁文更是一窍不通，微积分对其而言就是一堆数字。但是，色彩和园艺成了他的所长。20多年后，他成了一位出色的园艺家，让他的父母感到了骄傲。

马汶的故事告诉我们，每个人身上都有闪光点与潜质，我们的学生也不例外。教师要善于发现学生的闪光点，这样才能让学生感受到自己受尊重，才能激励他们不断努力，勤奋向前。

三、一个都不能落下

新学期开始，初一（2）班新转来一名学生，名字叫昊天。第一次见到这位转来的小男生时，年轻的班主任李梅心生怜爱。男生又黑又瘦，头发乱糟糟，双眼满是惊慌和迷茫，好奇而又小心地看着周围。

通过几天的观察和接触，李老师发现昊天上课不认真听讲、课桌上任何物品都能当作玩具，屁股上似乎长着刺，一节课总动来动去。有的时候，大家正在认真听课，他会突然间大声说话。下课后他经常和同学们打闹，满世界乱跑，没有一刻能安静。不久后，同学们都开始讨厌他。同时，李老师发现昊天在语言表达能力、人际交往、自我控制方面与同龄孩子存在较大差距。作为班主任，班级上转来一位这样的学生，其内心十分不满，也曾找我诉苦，我只能开导，让其接受与耐心等待。

▶ 静听校园拔节的声音

11月份，市教育局要在我校召开全市语文教学研讨活动，抽签抽到初一（2）班配合上公开课。听到这个消息，李老师第一个念头就是昊天怎么办。尤其这次教学研讨会十分重要，全市各县的语文老师都有代表来听课，要是他在课堂上出现任何问题，不但影响教学的效果，班级和学校的面子也会被丢光。经过深思熟虑后，她决定在上课的时候，把昊天单独留下，以防他在课堂上捣乱。

到了教学研讨会那天，李老师一早将昊天叫进了办公室，上公开课的张老师在班上熟悉同学的情况，没多久就来到办公室，说："这就是昊天吧？"李老师将昊天的情况和张老师大致介绍了一下，并告诉了张老师实际想法。本来，李老师以为张老师会感谢她，没想到张老师说："谢谢你，不过我还是希望昊天能到班级上课，怎么能少了他一个人呢？"既然张老师这样说，李老师也没有再阻止。就见他牵着昊天的手，一边和昊天说着什么，一边向教室走去。让李梅感到万分惊讶的是，上课的时候，张老师将昊天安排在了最显眼的位置上，上课一开始，他就让昊天朗读课文，昊天读得实在一般，但张老师对其进行了表扬。一节课下来，昊天没有做任何捣乱的事情，似乎在认真听课。下课后，昊天不好意思地从张老师手中拿了象征奖励意义的五角星，开心地出去了。

这个事件让李梅深受触动，作为昊天的班主任，没有办法让他安静下来，一节公开课却见到了他的另一面。于是，李梅开始回忆和昊天相处的点滴，逐渐明白了其中的奥妙。昊天内心非常自卑，主要是因为他个头小、成绩不好、刚从农村转入城市，加上对周围环境较为陌生，让他内心与现在的老师、同学产生了隔阂。他发现自己无法融入新的集体内，就开始不听讲、不做作业，进入成绩一落千丈、与同学的关系差的恶性循环。这样一来，不仅老师和同学讨厌他，就连他自己也开始讨厌自己。学生都希望自己能够得到他人的关注，于是他就通过和同学打架、上课捣乱等方式引起他人关注，结果老师们用简单粗暴的方式对待他。自从他来到我们这个集体，很少有人对他进行表扬，而张老师的一句鼓励和表扬却滋润了他的心田，使其在这个无助的时刻获得了温暖，看到了曙光。张老师的"一个都不能少"，应该是我们从教者的心底追寻。

年轻的李梅老师开始用自己的实际行动来帮助昊天。上课的时候，会问他一些简单的题目，当他回答正确后会对他进行表扬，这样的行为能让昊天开心好长时间；做作业的时候会来到他身边，遇到不懂的问题会及时鼓励他开动脑筋；会让其他老师也更多地关注这个孩子。一段时间后，我们发现昊天做作业的速度提高了，抄生字的速度甚至比一些优秀的学生还要快，一些简单的作业能独立完成了。"一个都不能少"的一节公开课使我们一名年轻教师与一个"顽劣"孩子都得到了成长。

世界上没有两片完全相同的树叶，也不存在两个完全一样的人。每个人都是独一无二的个体，都有其独特的世界。在教育中，五彩缤纷是一种美丽，整齐划一只能是一种伤害，我们不能以自己的审美制定"好学生""坏学生"的标准。我们要做到公平对待每一个学生，关注每一个学生，将温暖的目光分给每一个学生，做学生的引导者、鼓励者，用平和积极的心态对待每一个孩子，因为"每一个孩子都是重要的，都是不能缺少的存在；每一个孩子都有闪光点，都会给世界带来不同色彩"。即使孩子受各种影响有了"恶"的成分，也应通过我们的教育纠正他、规范他，使其懂善恶、辨是非，知道哪些是"可为"与"不可为"。

如此教育，甚好。

▶ 静听校园拔节的声音

"能扛事"比"能做事"更重要
——写给儿子的信

儿子：

考虑再三，还是觉得用书信的方式先跟你交流一下更好。看着你近段时间因"足球专业遇阻"问题而消沉和迷茫，我与你妈都为你担心，今天我想开诚布公地说说我们的意见与分析，希望对你有所帮助。

你从9岁开始喜欢足球至今已有5年时间，陪你一起练球、一起打比赛、一起去济南看比赛的日子历历在目，我们一起激动与呐喊，一起失落与不甘，可以说，我从一个"球盲"变成足球发烧友，你功不可没。小学时几个家长说，我们陪你一天天地去练球很辛苦。我倒不觉得，相反，我与你妈都感觉很快乐，看着你奔跑，看着你摔倒了再爬起来，看着你伤痕累累仍坚持到底，我们由衷地高兴。因为是你给我们平凡的日子带来内容与色彩。

看着你一路走来，从足球运动中收获了很多，成长了很多。

第一，你懂得了为实现理想而努力奋斗。刚开始让你练球，纯粹是为了让你锻炼身体，你却找到了兴趣，也很陶醉于与队友在一起的氛围。你告诉我要成为一名足球运动员，这是很好的想法啊！于是，我们一起制订计划并付出行动，我还给你定了"学业成绩需达到良好，最好是优秀"的条件，你都完成得很好，证明你要比别人付出得更多，有无数的汗水与泪水伴随着你走过这5年。因此，一旦这个"英雄的足球梦"走不通的时候，失落与难过可想而知。我很理解你的感受，但我认为，你懂得为梦想而努力奋斗比梦想本身更有价值。

第二，锻炼了身体。身体是革命的本钱，是我们生活、学习和工作的基础，

"冬练三九、夏练三伏",寒来暑往的交替锻炼了你的体魄,结实了你的身体,这个收获是最好的,在我们看来是最有实质意义的。并且你热爱这项运动,找到了锻炼身体的好方法,这个好方法会伴你一生,使你受用无穷。

第三,你懂得了团队合作意识并交到了朋友。足球运动是一项团队运动,需要靠集体配合与集体精神完成比赛,所以每个人在整个过程中都很重要,但个人的英雄主义在球场上很可能致使团队的溃败(图2-4)。我能感受到你对队友的信任与依靠,能感受到你是在"用脑思考并踢球",这证明你逐渐学会融入团队并懂得合作,这对你今后学习和工作大有益处。你还结识了几个好朋友,冯叶、高浩程、吴瑞浩等。据我观察,你的这几个队友真诚而热情,家长也正直而和善,是可以深交的"发小"。朋友在人的一生中是不可或缺的重要部分,从小一块长大的、志同道合者更是弥足珍贵,你很幸运地遇到了。

图 2-4 参加足球活动

你看,你从足球中收获了这么多,这还只是我一个旁观者的总结。

其实,我们虽一直陪着你练球、比赛,与你一起小心地呵护着你的"足球

▶ 静听校园拔节的声音

梦"，但我内心是不赞成你走专业道路的。原先没告诉你，是因为你还小，时机还不成熟，是想让你在追逐理想过程中锻炼和成熟自己，是因为你花在足球上的精力还没有影响学业。但现在，我觉得有必要跟你说明。暑假期间，你到潍坊参加"满天星训练营"，并被选入上海集训，凡是去上海的都颁发国家二级运动员证，这是对你坚持了5年梦想的奖赏，你的努力有了一个结果。上海之行并不顺利，大部分人没有更进一步，包括你。你要知道，那是国家级别的集训与选拔，大部分人是要被淘汰的，被选入国家集训的少之又少。你一直参加的是"校园足球"，被选入者大多是早已脱离校园，参加体校或专业球队的训练，所以你的落选在情理之中。

　　我觉得你可把足球作为兴趣爱好和锻炼身体的方式，不必非要走足球运动员的道路。原因有二：

　　一是自身身体素质限制。你随我，身体偏于瘦弱，在赛场上没有对抗优势。前几年，小伙伴都没长开，身体对抗都差不多，你有速度的优势，所以显得突出。现在，队友和对手都人高马大，你的优势就不明显了。对你身体素质的分析，我和你的教练意见是一致的。另外，你所崇拜的几个球星，他们成绩的取得除了勤奋刻苦外，足球天赋所占比重非常大，他们的身体素质适合做运动员。我们得正视并承认这个事实。

　　二是通往足球运动员的道路太窄。运动员数量屈指可数，进入专业队伍除了勤奋、天赋外，机遇、教练等不可控因素太多，我们不能拿未来去为一个不可控的梦想冒险。体育行业是个很广泛的概念，并非只有运动员一种专业，体育涉及经济、运营、服装、广告、品牌、培训、赛事、学校等多个领域，未来完全可以涉足体育行业，未来的事谁又能说得准呢？

　　孩子，既成事实，我们要正确面对，并学会从这一梦想破灭的打击中走出来。作家余华说："中国年轻一代人里面，有很多优秀者，但很少有能扛得了事的人。"我认为"能扛事"比"能做事"更重要。老爸小时候也有梦想，我们那时候在村里，信息闭塞，所知道的行业不多，直到初中我才有"当一名作家"的梦想，退而求其次也得当个记者，用文字的方式谋生。于是，我费尽周折地找书来阅读，想方设法地学习写作，那是一段难忘的日子，没有人指导，也不敢让人知道，怀揣梦想而每天乐此不疲。这个梦想随着升入高中、随着自己认知的增长逐渐破灭，但我很怀念那一段美好的时光，我现在之所以能写点东西，也得益于那个梦想。可见，我们所有为梦想的付出会在不经意间回馈我们！

　　人生路漫长，逐渐地，你还会有很多的梦想，这些梦想中只实现少许就够人幸福一辈子，多数的、我们为之奋斗的梦想会淹没于岁月的长河中，我们能做的是需要从一次次打击中走出来，继续前进。咱们一起讨论的《三国演义》中的刘备，小战或胜，大战皆败，一生五易其主，四失妻子，前半生漂泊不定，手里没有超过一万的士兵。这样一个人，一路风雨走来，终成一代帝王，那一年他已经 60 岁了。屡战屡败又如何？白手起家又如何？扛过去了，便有金戈铁马，气吞山河。刘备的胜利取决于他的韧性，取决于他的"能扛事"，这样的例子在现实生活中也不胜枚举。

　　儿子，相信你能面对现实、分析情况，并最终有自己的判断和态度。我们只能给你建议和帮助，真正的调节与承受还得靠你自己，我们代替不了，以后诸如此类的事也代替不了。

　　相信你能扛事！

2019 年 8 月 28 日

▶ 静听校园拔节的声音

牵着蜗牛去散步——教育是一种慢艺术

德国哲学家雅思贝尔斯说:"教育是一棵树来摇动另一棵树,一朵云来推动另一朵云,一个灵魂对另一个灵魂的唤醒。"当我们选择走上教育这条道路时,就要做好肩负一个灵魂唤醒另一个灵魂的责任和美好教育理想的准备,在这条充满未知的道路上,滋润万物,真诚守望,静待花开。

一、教育是一种慢艺术

教育是一种慢的艺术,它需要生命的沉潜,需要精耕细作式的关注与耐心的等待。我们必须直面人才培养独特的规律:世间既有早慧孩子,又有开窍晚的孩子,培养孩子要多一些等待、理智和宽容,不能拔苗助长,不能越俎代庖。眼下很多家长无视孩子的年龄,给孩子报各种兴趣班,"琴棋书画样样精通",想要让孩子一口吃成个胖子。殊不知,冰冻三尺非一日之寒,家长想要让孩子变得优秀的愿望可以理解,但操之过急,无视孩子的年龄特征和成长规律,只是一味追求快速、高效,是非常不明智的做法。教育需要积极付出,更需要耐心等待,违背自然规律,只会适得其反。

李明是我的高中同学,也是我们的副班长。高中入学第一次作文课,要求写一下之前的求学经历,两节课过去,同学们都交作文了,只有他一人没交,而且只写了几行字。魏老师问他:"怎么了?多年的经历,无从下笔了?"李明很认真地看着老师说:"老师,算上初中复课时间我都上了十几年,几十分钟以内写出来,不是太仓促了吗?您多给我点时间啊。"三天后,李明交上了作文,并被评为优秀作文贴在了教室后墙上。漂亮的正楷字,干干净净,文章结尾道:

第二辑 学生篇（每个孩子都与众不同）

"成长，不是一件能着急的事，得慢慢来。"自此得绰号"李慢"。

"李慢"的确很慢，凡事比其他同学慢一拍，但大家都很喜欢他，选他为我们的副班长。李慢做题也慢，每次考试没有做完的时候，但准确率很高。这个状态一直持续到高三。第一次模拟考试，李慢语文作文没有完成，数学、英语更不用说，老师们也替他着急，"限时练习""快速书写"各种办法都用了，丝毫没效果，老班魏老师却对他很是"纵容"。"性格使然，刻意改变会适得其反，按你自己节奏来。"魏老师安慰他。于是，李慢"涛声依旧"，慢条斯理地继续努力着。

高考成绩揭晓了，李慢考得并不理想，跟我一样上了滨州师范专科学校。李慢上的是英语系，我是中文系。李慢在师专的两年保持了在高中的学习状态，并能看出他自得其乐。师专毕业后，他顺理成章地考上了山东师范大学的本科，然后是北京师范大学的研究生，随后出国留学了几年。我再见他时，他已经是北京林业大学的副教授，主攻心理学，"叙事疗法"就是他提出的理论并进行了实验，且在国内外已有一定影响。眼下的李慢，无论是学业还是学术，早已超过了当年很多"限时练习"做得快、高考成绩优异的同学，李慢并不"慢"啊！

同学聚会时，李慢依旧唱了他的"成名曲"《蜗牛与黄鹂鸟》：阿门阿前一颗葡萄树／阿嫩阿嫩绿她刚发芽／蜗牛背着那重重的壳呀／一步一步地往上爬／阿树阿上两只黄鹂鸟／阿喀阿嘻哈哈在笑它／葡萄成熟还早得很哪／现在上来干什么／阿黄阿黄鹂儿不要笑／等我爬上它就成熟了……

张文质先生曾说："良好的教育是在细腻与沉静中。"教育需要我们静下心来，真诚相待，这是让花朵开放的土壤。犹如炖汤，只有小火慢炖，才能熬出真正的味道。

83

▶ 静听校园拔节的声音

二、牵着蜗牛去散步

上帝给我一个任务，

叫我牵一只蜗牛去散步。

我不能走太快，蜗牛已经尽力爬，

每次总是那么一点点。

我催它，我唬它，我责备它。

蜗牛用抱歉的眼光看着我，

仿佛说："人家已经尽力了嘛！"

我拉它，我扯它，甚至想踢它。

蜗牛受了伤，它流着汗，

喘着气，往前爬……

真奇怪，

为什么上帝叫我牵一只蜗牛去散步？

"上帝啊！为什么？"

天上一片安静。

"唉！也许上帝抓蜗牛去了！"

好吧！松手吧！

反正上帝不管了，我还管什么？

任蜗牛往前爬，我在后面生闷气。

咦？我闻到花香，

原来这边还有个花园，

我感到微风吹来，

原来夜里的微风这么温柔。

慢着!

我听到鸟声,我听到虫鸣。

我看到满天的星斗多亮丽!

咦?我以前怎么没有这些体会?

我忽然想起来,莫非是我弄错了?

原来上帝是叫蜗牛牵我去散步。

——张文亮《牵着一只蜗牛去散步》

工作20年来,有十几年站讲台,有近几年"不务正业"的教育管理。回望一下20年的工作经历,还是讲台上的往事更鲜活、更令人印象深刻。刚工作那几年我教高中语文,激情澎湃、信心满满,立志"以书生之意气培育祖国之人才",不过很多时候事与愿违,在对学生不断地了解中我发现,一些事情并不是雄心壮志就能完成的。学生存在着各种问题,行为方面、思维方面、认知层面甚至是道德层面,这些问题层出不穷,使我一度怀疑自己是不是入错了行,让我整个人都非常沮丧。

渐渐地,在实践过程中,我读书,我找导师,我寻求着一种突破与路径,我反复低吟着张文亮的《牵着一只蜗牛去散步》,想着诗中那只蜗牛,已经尽力不断前行,可还是在不断被责备、被训斥。自己班级中的学生不也是如此吗?无论他们如何努力,如何用功,都没有办法达到我对他们的要求,结果就是被责骂。在这个快速发展的社会中,作为教师的我们,对学生的要求也更加严格,会不自觉地将自己的主观想法强加到他们身上。为了让学生的成绩不断提高,我们绞尽脑汁,然而他们书写不认真、上课不认真听讲、下课撒丫子就跑……在这样的情况下,我们就会非常生气,将他们休憩、玩耍的时间全部剥

▶ 静听校园拔节的声音

夺掉，甚至会打电话向家长"告状"。作为教师，我们总是站在自己的角度对学生严格要求，却从来没有站在他们的角度去思考，也从来没有真正地走入他们的内心，认真聆听他们的心声。这群表现可爱的"小蜗牛"其实内里已经千疮百孔，在教师的鞭策下，只能流着汗，喘着气，加快前进的脚步。

想到这些，我突然发现，我就是那个牵着蜗牛散步的人。现实中，我也从来没有静下心去了解学生的内心，也从来没有尝试站在学生的角度去看问题。实质上，这些可爱的"小蜗牛"还是一群大孩子，需要父母的呵护，更需要教师的正确教导。作为教师，我觉得严格要求学生理所应当，所以在学生事情没有做好或者不会做的时候，我就会责罚，会变得焦躁，恨不得自己代替他们完成一切。我的双眼被急躁的情绪完全遮住了，根本发现不了他们眼中的坚毅，也看不到他们不断努力的过程，最终导致"两败俱伤"的结果。

慢下来吧！让自己学会"散步"，静下心来欣赏周围的景色，慢慢将心态放平和，闻花香，听鸟叫虫鸣，看漫天繁星。慢下来，你会发现这群"小蜗牛"每天都有触动心灵的话语和行为。每天早上的一句"老师，早上好！"，偶尔送给你的一朵花、一颗手作小星星，以及他们之间的互帮互助，尽显友谊，这些都是我们在快的节奏中发现不了的，这些都是他们送给我们的最美的风景。保持着这种慢的、善于发现的心态，我们的学生就是可爱与善良的，就是真诚和昂扬向上的。

之前是因为我们的步伐太快，太急了，快到、急到忘记欣赏，使学生和我们自己失去了很多无法挽回的东西。但是，现在的我学会了放慢脚步，转变视角，从学生的角度出发，理解孩子，倾听心声，调动学生的主观能动性，慢慢掌握学生的成长规律，不急不躁，陪着孩子体味生活滋味，享受学生成长中带给我们的各种美。

事实上，教育最核心的问题是着眼孩子的终身发展、可持续发展，绝非一时的快慢，更非成绩的高低。

我们有一个非常重要的任务——牵着蜗牛去散步！

▶ 静听校园拔节的声音

校长须树立"培养德智体美劳全面发展的学生"的教育观

促进人的全面发展是我国社会主义教育性质的重要体现，也是马克思主义的内在要求。早在1957年，毛泽东就提出培养"德智体"全面发展的人才目标，后来党和政府进一步发展、总结，提出培养"德智体美"全面发展的社会主义事业建设者和接班人的教育方针。在2018年9月举行的全国教育大会中，又重申构建"培养德智体美劳全面发展的社会主义建设者和接班人"的教育体系，要求把"立德树人"贯穿教学的整个过程，着重强调了"德育"和"劳动教育"的重要性，为教育要培养"什么样的人"指明了方向。

在实际的教育教学过程中，受中考、高考指挥棒影响，我们更多地关注了学生的"知识传授与积累"，过多地关注了"智育"，而对学生的其他方面涉及很少。时至今日仍有地区甚至城市将"开全课程、开足课时"作为考核目标，足见"五育并举，全面发展"的育人观落实并不到位。作为学校管理与建设的带头人，校长在落实国家教育方针的作用方面举足轻重，必须先树立"培养五育并举，全面发展的学生"的教育观。

一、德智体美劳，新时代新内涵

"德智体美劳"集成、丰富和发展了我国全面发展教育的思想。随着时代变迁，随着教育思想的转变，"德智体美劳"也随着发生了变化，有了新的内涵。

（一）新时代全面发展之"德"

"德"是"大德"，主要包括理想信念、职业道德、个人品德、家庭美德、社会公德、社会主义核心价值观等，涵盖世界观、人生观、价值观各个领域。2018年全国教育大会提出"六个下功夫"，其中四个方面都关涉德育。

一是"要加强理想信念教育,在坚定理想信念上下功夫"。

二是"要加强爱国主义教育,在厚植爱国主义情怀上下功夫"。爱国是人世间最深层、最持久的情感,是一个人立德之源、立功之本,只有坚持爱国和爱党、爱社会主义相统一,爱国主义才是鲜活的、真实的,这是当代中国爱国主义精神最重要的体现。

三是"要加强品德教育,在加强品德修养上下功夫"。育人的根本在于立德,培育和践行社会主义核心价值观,使广大青少年成为有大爱大德大情怀的人,并将这种情怀在生活和实践中践行。

四是"要加强奋斗精神教育,在培养奋斗精神上下功夫"。社会主义是干出来的,新时代也是干出来的。

(二)新时代全面发展之"智"

"智"是"知行合一"的智,要在增长知识见识上下功夫。"学如弓弩,才如箭镞。"学习是成长进步的阶梯,实践是提高本领的途径。作为新时代的社会主义建设者和接班人,不仅要有扎实的学识,更要有广博的见识,既"读万卷书"又"行万里路",做到以行求知、以知促行。

(三)新时代全面发展之"体"

"体"要以"健康"为第一要义。健康是促进人的全面发展的必然要求和广大人民群众的共同追求,也是经济社会发展的基础条件和国家富强的重要标志。健康问题是一个关系国家和民族未来的大问题,必须高度重视。近年来,我国青少年生长发育水平持续提高,但"小胖墩""小眼镜"数量逐渐增多,因此我们积极倡导"每个人是自己健康第一责任人"的理念,学校体育要以健康为原则,开齐开足体育课,让学生在体育锻炼中享受乐趣、增强体质、健全人格、锤炼意志。

▶ 静听校园拔节的声音

（四）新时代全面发展之"美"

"美"要"以美育人、以文化人"，"培育美好心灵"。热爱美、追求美、创造美，应成为新时代担当民族复兴大任的一代新人的自觉追求。美育是全方位地对人的心灵的滋养，它是心灵的教育。美育要"彰显信仰之美、崇高之美，弘扬中国精神、凝聚中国力量"。蔡元培先生曾大声疾呼："美育是最重要、最基础的人生观教育。"美好心灵需要教育来培养，美好生活需要奋斗来创造。只有美好的心灵才能感受美好的生活，也只有美好的心灵才能创造美好的生活。全面加强和改进学校美育，必须坚持以美育人、以文化人，大力提高学生的审美能力和人文素养。

（五）新时代全面发展之"劳"

"劳"要弘扬劳动精神。马克思说："教育与生产劳动相结合是实现人的全面发展的唯一方法。"生活靠劳动创造，人生也靠劳动创造。党的十九大报告提出：要"营造劳动光荣的社会风尚"，"弘扬劳模精神和工匠精神"，培养全面发展的社会主义建设者和接班人要加强劳动教育。

二、五育并举，立德为先

在"五育"中，"德育"排在了首位，是五育之根基，育人先育德，成才先成人是教学的首要智慧。"一年之计，莫如树谷；十年之计，莫如树木；百年之计，莫如树人。"党的十八大报告指出，立德树人是教育的根本任务。

德育是五育之根基，离开了道德的培育，其他四育无从谈起。即使学生在某一方面表现突出，我们也会怀疑他对社会来说是祸是福？恰如教育家陶行知先生说过的："德是做人的根本，根本一坏，纵然你有一些学问的本领，也无甚用处。并且，没有道德的人，学问和本领愈大，就能为非作恶愈大。"

设想一下，一个心不在学习上的学生能够静下心来阅读经典，亲近国学

第二辑 学生篇（每个孩子都与众不同）

吗？一个看到书本就觉得无比烦躁的学生能够静下心来背诵古文和枯燥的英文吗？一个打架斗殴无所不做的学生能够写出语言优美、思想境界高尚的文章吗？答案不言自明。我们不难发现，教学的最高境界是在激发学生的学习动机，使学生的学习兴趣得以保持，之后再教授适当的学习方法。

那么，怎样激发？又如何保持呢？棍棒教育和物质刺激肯定行不通，只有让学生认识到自己的重要性和自身的不足，才能将其学习知识的欲望激发出来，才能让其认识到学习是为了自身发展。只有如此，才能让学生成为一匹良驹，才能不用扬鞭自奋蹄地向前奔跑。一旦思想或是"德"上的问题解决了，还怕学生不能安心学习吗？

多年前我遇到过这样一个学生，该生在初二下学期开学后与同学打架，不听学校劝导辍学回家，随后到深圳的舅舅家的服装厂做仓库管理员，负责收货和发货，在那里过了小半年悠哉乐哉的日子。直到后来因为不识字而吃亏，他才真正理解了读书的重要作用，开始反思当时一气之下辍学回家的举动是多么得不偿失，也开始理解与想念当时老师对他苦口婆心的教育。

事情是这样的：那天，一个销售商来服装厂批发夹克，可是这个学生因为不会写"夹克"两个字，无奈之下就听信了批发商的话写了"童装"。当时，这个学生觉得这样写也没有问题，就按照销售商说的写了，但实际上给的是夹克，直到晚上对账的时候才发现不对，销售商按照便宜的童装给的货款，拿走的却是价格比较高的夹克。这里外一算竟然差了几万块钱。舅舅将他狠狠批了一通，舅妈也叫嚷着叫他赔钱，无奈之下他只好灰溜溜地回了老家。回家之后，他因为这件事情还受到了父母的责骂，无比悔恨，这时想到了回学校读书，认识到了读书的重要性。

听了这个学生的讲述，我找到教务处成全了他的心愿，并且按照他的意愿将他安排进了之前的班级。不过，班主任和老师们却不愿意再次接受这个品行不端的学生，一是怕其功课跟不上，二是怕他再次打架招惹事端。我希望老师们给学生一个机会，直到我给班主任做出了"万一不行，不算考核指标"的保证后，老师们才同意其入班学习。这个同学也非常争气，从刚入班什么都不知道，到期中考试能够达到班级中下游水平，到期末考试能到中游，中考时，虽然发挥不够理想，但是也上了一个不错的高中。更难得的是，从入学到毕业，该生一直与同学保持很友好的关系，主动帮老师、同学做一些体力方面的事，积极参与学校活动。

这个事例告诉我们，"育人先育德"，"育德"是我们培育学生其他方面素质的"牛鼻子"，如果在教育中没有正确的品德教育，学生找不到方向感，没有学习和生活的主动性，其他"四育"无从谈起。教师只有将"育德"放在教育的首要位置，才能达到教育的真正目的——培养学生终身发展、自觉发展的能力。

三、五育之中，要更加注重劳动教育

由于学校教育的功利化，一些不计入中考、高考分数的科目被边缘化，其中尤以劳动教育为甚。即使些许存在劳动教育的学校，也把劳动教育作为惩戒学生的手段，或作为调节紧张学习氛围的轻松手段，仅限于"新鲜一下""体验一下"，而把劳动教育的本质"确立劳动价值观"抛在了一边。五育之中，我们对学生劳动教育的欠账最多，因此补齐短板时先补"劳动教育"这一课。

东汉时期，自命不凡的少年陈蕃一心想要成就一番大事业。某天，好友薛勤到他独自居住的院子做客，一进门就看到满院狼藉，于是对其说："孺子何不洒扫以待宾客？"陈蕃笑着说道："大丈夫处世，当扫天下，安事一屋？"薛勤听到他这样说，立即反驳道："一屋不扫，何以扫天下？"听到好友这样的言辞，陈蕃自觉无地自容。

任何大事件都是在一件件小事中形成的。无论你是何人，如何伟大，只有付诸劳动，才能有所收获。恩格斯对劳动有过这样的阐述："首先是劳动，然后是语言和劳动一起——它们是两个最主要的推动力，在它们的影响下，猿脑就逐渐地过渡到人脑。"劳动创造了人类，人类想要不断向前发展离不开劳动，也一定要学会劳动。

作为一名中学生，一些基本的劳动技能更要学会并掌握，打扫卫生、洗衣、做饭、整理内务，甚至是基本农活、职业体验等，良好的劳动习惯会让我们受益一生。在校园内，学生可以通过参加公益劳动的方式，让自己掌握基本的劳动本领，这样不仅能给他人带来方便，还能让自己活得快乐。当我们每天坐在窗明几净的教室内学习，当我们利用废旧物品制作花盆，种上漂亮的植物，作为礼物送给他人并获得称赞，都会让我们充满自豪感。这些点滴小事就是我们在用行动诠释"劳动是一种美德"。

党的十九大报告提出，要"营造劳动光荣的社会风尚""弘扬劳模精神和工匠精神"，这也是教育的方向。我们要引导、教育学生树立正确的"三观"，从原先的追星到树立真正的榜样不是一朝一夕之功，而要立足课堂，利用好多渠道资源，将社会主义核心价值观融入学生血液，成为学生的一种生活习惯和自觉；让青少年充分认识到劳动对社会和人生进步的重要意义，以热爱劳动为荣、以不劳而获为耻，尊重努力劳动、奉献社会的劳动者，并最终愿意以自身体力和脑力劳动投入生活、建设祖国。

高尔基说："热爱劳动吧，没有一种力量会像劳动一样使人成为伟大且聪明的人。"我们的劳动教育就应该有这样的目标和期许：让每一位学生都能发自内心地热爱劳动，发挥工匠精神，并享受劳动带来的乐趣。

▶ 静听校园拔节的声音

四、落实"五育"目标，校长至关重要

在"五育"的具体落实上，校长的作用至关重要，可以说，校长是落实国家教育方针政策的"牛鼻子"。课程有没有开设？课程落实有没有到实处？考核评价机制有没有、执行情况如何？这些核心问题，校长心里最有数。

（1）校长要加强国家教育方针、政策理论方面的学习，深刻领会并坚决贯彻执行到位，摒弃片面的、短视的、错误的"培养会考试、考好试的学生"观点，立足学生的终身学习与发展培养学生。

（2）开全课程、开足课时。音乐、体育、美术、劳动、校本、地方课程一定开全和开足，有条件的要配备专任教师，杜绝课程表与实际教学"两张皮"的现象，反对弄虚作假和形式主义（图2-5）。

图 2-5　大提琴培训课程

（3）建立"五育并举"的考核与评价机制。管理上要把科学、社会、音乐、体育、美术、劳动等科目的教师与语文、数学、外语等科目的教师同等对待，

不存在"大科""小科"或"主科""副科"之分，在职称评定、绩效工资发放、评奖推优等方面一视同仁，同时鼓励各学科通力合作，共同育人。

（4）积极争取政策与资金，为五育并举提供条件支持。五育并举需要教师队伍的专业化，需要学校各种功能用房齐全，需要有实践基地，等等。校长要善于利用现有资源，积极争取上级和社会支持，将五育并举落到实处。

教育家陶行知说："好教育是养成学生技能的教育，使学生可以独立生活。"这与"培养德智体美劳全面发展的社会主义建设者和接班人"的培养目标深度契合，同时要求我们积极参与其中，尽作为教育管理者的本分与奉献。

◉ 静听校园拔节的声音

研学——行走在路上的课堂

经历是最好的教育。早在 30 年前，我们上中学的时候，每年春暖花开，学校都会组织"春游"，带上干粮、熟鸡蛋、水壶，成群结队、热热闹闹地向县城的公园进发（或由学校向农村的庄稼地出发），一路上欢歌笑语、赏春景，再累也不觉得累。我想那便是"研学"的雏形吧！几十年过去了，在学校上的哪节课的具体情况忘记了，春游的情形却历历在目，可见这种课堂的效果。但是，现在的很多学校从安全角度、升学率等角度考虑，已经多年不组织这种活动了。实际上，它是一种很好的教育教学方式。

2016 年 12 月，教育部、发改委等 11 部门出台了《教育部等 11 部门关于推进中小学生研学旅行的意见》。2017 年，山东省教育厅等 12 部门出台《关于印发山东省推进中小学生研学旅行工作实施方案的通知》，鼓励学校按程序组织中小学研学活动。我校从 2018 年开始，根据文件精神，开始组织研学活动。

一、研学：从何处来，到何处去

研学是一种将学习目的和学习方法融合在一起的教学方法，具有较强的实践性，学生通过参与实践活动，学习并获得各种能力。实践包括社会调查、搜集资料，也包括策划选题、制订研究计划、撰写研究报告以及到科研机构甚至大学去听课等。

我们能组织的研学方式为研学旅行。研学旅行是一种融合研究性学习和旅行体验的创新性教育模式，它既不是单纯的旅游，又不是纯粹的课堂学习。它是学校教育和校外教育衔接的创新形式，由教育部门和学校有计划地组织安排，通过集体旅行、集中食宿等方式开展的研究性学习和旅行体验。研学旅行不仅是教育教学的重要内容，还是综合实践育人的有效途径，更是以学习共同体的方式开展的集体性学习活动。研学旅行能引导学生主动适应社会，促进书本知识与生活经验的深度融合，在行走过程中感受祖国的大好河山，感受中华民族的传统美德，感受世界各地的风土人情。同时，研学过程能促进学生交流，提高生活自理能力，强健体魄，坚强意志。

我校研学旅行选择的内容主题包括历史文化（图2-6）、红色革命、科技活动、职业体验、亲近自然，这些主题跟学生教室内学习内容息息相关，能够促进二者的融合与贯通，加深学生对书本内容以及对课堂内容的消化与理解。

图 2-6　古都历史文化研学之旅

我们选择的路线范围，市内有博兴马踏湖、北海港口、无棣贝壳滩、惠民孙武祠、邹平范仲淹祠、滨南采油矿，意在让学生感知家乡、热爱家乡、记住家乡；省内有曲阜孔庙、孔林，因为研学旅行的精神本源自孔子，孔子周游列国的治学精神是现代研学旅行课程的源头，而孔子是儒家文化创始人，让学生

▶ 静听校园拔节的声音

感知大家很有必要；省外确定的是北京、洛阳、西安三条路线，意在感受中华源远流长的历史文化；国外选择了英国，定制了专门课程，参与当地学校学生学习生活，走进英国博物馆及几所大学，近距离认识、感受老牌的资本主义国家人文。

二、研学过程是行走的课堂

学校在开展研学旅行时，先要确定研学目标，创造性地设计研学内容与方法，采取可行的办法将目标转化成研学课程和体验内容，使学生在体验中汲取各种信息，深化理解所学的内容，拓宽感知内部和外部环境知识的方式，激发自身潜能。从理论上讲，研学旅行分为六个步骤：提出问题、猜想预测—试验观察、寻求实证—数据搜集、整理分析—得出结论、交流表达—集体讨论、记录过程—撰写日志、形成报告。我们实际操作过程中没必要为完成步骤而将研学形式化，重内容轻形式、重收获轻环节是我们遵循的原则，否则会将研学搞得教条而古板，学生也会失去兴趣。

我们以曲阜三孔景区为例，分析历史文化研学的流程。作为教育部公布的首批中小学生研学实验基地，曲阜有着丰富的文化资源，是中华优秀传统文化的聚集地。

（1）前期的准备。在研学旅行前，我们可以通过阅读书籍、网络查询等方式查找本次研学旅行所需要的文化知识，对材料进行搜集，将搜集好的材料记录下来。

（2）研学流程。

第一，确定研学的主题。我们可以从历史传说、文化名人、名胜古迹等方面入手，经过研学团队讨论后，确定此次研学的主题，并进行记录。

第二，探寻历史发展足迹。在这个阶段，要求学生有一定的知识积累，还要有一双善于发现的眼睛和一颗细腻的心，寻找其中印象最为深刻的内容，思考在这个过程中遇到过的之前没有遇到过的问题，寻求相关人士的帮助。

第三，深入思考并研究，从中汲取智慧。这是发散思维的过程，可以考虑历史上对中华文明产生过重大影响的人都有哪些，哪些历史故事、名言警句与此相关，以及对这些名言警句的个人理解。

需要注意的是，研学过程中应始终谨记团队合作、体验参与和探究发现的原则，在规定的区域内活动，不可擅自行动。

（3）研学反馈。研学是一次独立的成长，成长必然会有收获。在总结研学反馈时，我们可以从自己、家长和教师三个角度入手。

（4）研学报告及展示。这是整个研学的"重头戏"，关乎研学举办得成功与否。在撰写研学报告时，一般包括前去研学基地的基本情况、研学的课题名称、与研学课题相关的资料及学习成果等方面，其中个人参与及体会是重点。研学一定要有展示，且展示方式灵活多样，可以是心得体会的报告，可以是摄影，可以是绘画，可以是诗歌朗诵、歌唱等，只要是与研学主题有关的表现方式，我们都鼓励学生站出来展示。

三、研学收获案例（教师展示）

浸润英伦文化，铸中华民族豪情（节选）
张桂汝

"欲从天下万事万物而学之,则汗漫九垓,遍游四宇尚已。"我有幸作为带队老师游学英国，感受异域文化风情，体验不一样的英伦时光；访交外国朋友，开放融合兼收并蓄，让我们的未来多一种可能。不溢美、不薄己，取长补短、

▶ 静听校园拔节的声音

择善而从！为理想远行，把世界带回滨州！

　　北京时间2019年7月15日下午3点28分，我们跨出国门，走向世界！山东省北镇中学实验初中部优秀学子为期15天的英国伦敦研学之旅开启了。

　　飞机窗外的白云蓝天，虽然简单，但美得纯粹而动人。由北京飞向迪拜的阿布扎比，大约需8个小时，然后继续一路向西，跨越8个时区后，我们终于落地在英国的希斯罗国际机场。英国的天气微凉，即使伴有正午的阳光，也像中国的初春。那一刻我们才真真切切地感受到了，我们在英国，那个日不落帝国。

　　云在，天在，光在。大地在，岁月在。同伴在，我在。哪里还需寻找更好的美丽？清澈的水，蓝蓝的天，飞驰的双层红色巴士，英伦般梦幻的小房子上垂下来的五彩缤纷的小花，构成了一幅不加任何修饰却美得绝伦的画。我们一路上毫无倦意，痴迷陶醉……

　　载着期盼，来到了金斯顿小镇，小镇人用他们自己的生活方式和理念演绎着异域风情，供我们这些外来客细细地品读和欣赏。我们40人被安顿在美丽的金士顿大学的校园，全方位亲身体验英式教育，接受名校的熏陶，身临其境地体验英伦的文化风情（图2-7）。

图2-7　走出国门——英国研学之旅

　　学校根据学生的英文水平，将其编入不同的班级，根据口语测试成绩分入国际混班。他们学习的内容为英语ESL课程，通过学习全面提高纯正英式听说读写能力。在英国，课上同学之间的互动机会很多，会有英语的对话，生动有趣，里面包含着词性、语法、词汇等知识。这对语言和文化又是一种挑战。我们的学生和来自世界各国的小伙伴一起上课，一起活动，一起吃饭和住宿，这独特的成长体验让他们走出了自己的小小天地，和世界各国的青少年朋友一起，感受更加多元而丰富的学习生活。

白天的学习生活结束后，开启了丰富多彩的晚间活动，且每次活动开始后，学生需要分组进行背景调查。在陌生的国度，学生必须用非母语的英文访问很多人，才能完成这个活动。在活动现场，我们的学生和来自意大利、阿根廷、摩洛哥、俄罗斯、日本等国家的学生一起完成，既提高了自身的英文能力，又锻炼了自己的独立能力；而我们带队老师不仅有学习异国课堂教学的机会，真正浸入式地体验英国文化，还能够与来自世界各国的国际教师交流学习。

在几天的学习时光里，让我感动的是结业前的晚上，学校举行国际联谊晚会，让每个国家的学生现场组织表演节目，当然有提前一个小时的热身准备。当我们带队老师接到这个任务的时候，心里是惶恐的，平时在国内如同皇帝、公主般被养大的一代人，能否在异国他乡代表中国的中学生演绎精彩？伴随着忐忑，一个小时很快过去了。"Now Let's welcome Chinese students! It's your turn to ..."我们的学生迈着坚定的步伐走向舞台，此时舞台的大屏幕上升起了一面鲜艳的五星红旗。"起来，不愿做奴隶的人们，把我们的血肉铸成新的长城……"中华人民共和国国歌在英伦被我们的学生唱响，我们激动得热泪盈眶，跟着他们一起唱起来。五星红旗的红色是如此耀眼，光芒万丈。学生边唱边展示着中华民族的国粹：京剧脸谱、剪纸、毛笔字，在这些中国元素的映衬下，他们的身影高大起来，他们瞬间长大了，China is so strong!

▶ 静听校园拔节的声音

　　夏风褪去了燥热的猖狂，亘古不变的落日余晖追随我们。道路被挤窄瘦身，建筑物压缩后精雕细琢了一番，人群就像一块调色板，在绿色的运动场上流动着来自全球各地的颜色……

　　不走向世界，何来世界观？这段时间深有感触……

　　提倡并践行研学的教育家陶行知说："没有生活做中心的教育是死教育，没有生活做中心的学校是死学校，没有生活做中心的书本是死书本。"经历是最好的学习，游学是最美的相遇。学校应树立学、思、游相互促进的观念，走出从"学校到学校"、从"课堂到课堂"的封闭圈，不断拓展教育的边界，引领学生走出学校教室，走向更为广阔的天地，从中体验、合作、探究，真正形成适应未来社会发展的必备品格和关键能力。

　　走出来吧，我们不仅有校园内的奋斗与汗水，我们还有远方的诗与田野。

第三辑　管理篇
（俯下身子搞管理）

在当今社会变革、经济快速发展的背景下，每一位学校管理者都不能再逞强扮演英雄，而应该从学校实际出发，注意、发现、调动并凝聚家长和教师的智慧，尊重每一位学校建设的参与者。同时，校长要在管理中掌握好"度"，不要只做采蜜的蜜蜂，而要成为放风筝的人，心中有一片蔚蓝的天空，眼中有一个明确的目标，手中握有适度的话语权，如此才能开拓出属于自己的一片天地。

从课堂走向课程
——初中校本课程体系构建思考与实践

国庆节刚结束,我们一行 60 名中小学校长在市教育局领导的带领下,南下两千里赴宁波参加为期一周的跟岗培训。从队伍规模、带队人员、行程安排等方面足可以看出市教育局对本次培训非常重视,也能感受到市教育局为推动全市基础教育改革、提升基础教育办学水平的良苦用心。

我所跟岗的学校是宁波滨海国际合作学校、宁波外国语学校。两所学校从办学体制、教育理念、课程建设、校园文化、学校管理、课堂教学等方面都可圈可点,都有可供我们借鉴之处。我从去年到北中初中部工作就一直在思考课程建设问题,也进行了一些探索与实践,因此本次跟岗我着重学习的是课程建设。这里想从这一方面切入,谈一下自己的收获与下一步的打算。

课程专家石欧曾说:"中国的课堂全球领先,当然指的是较为偏狭的知识层面教学。我们中国可谓已经炉火纯青了,为何教育教学质量提高不大,成绩不显著,显然是遭遇了瓶颈而难以突破,如何突破,单从课堂上做文章会步履维艰,从课堂走向课程才是破解之道。"

这次跟岗的两所学校都是外国语学校,并且都是国有资产、民办办学体制。在暑假期间,我曾带队 70 名教师到北京 21 世纪国际学校封闭培训 8 天,同该校的教师同吃、同住、同劳动,也有很大收获。北京 21 世纪国际学校在办学体制上同宁波两所学校大体一致,我便把这些学校放在一起进行如下分析与学习。

一、学校的育人目标

在谈课程建设之前,必须先谈一下学校的育人目标。一所学校在落实党和

▶ 静听校园拔节的声音

国家教育方针时,所凝练与总结出的、符合自身特点的育人目标主题词是不一样的。

党的十九大报告在优先发展教育事业中明确:建设教育强国是中华民族伟大复兴的基础工程,必须把教育事业放在优先位置,深化教育改革,加快教育现代化,办好人民满意的教育。要全面贯彻党的教育方针,落实立德树人根本任务,发展素质教育,推进教育公平,培养德智体美全面发展的社会主义建设者和接班人。

"培养德智体美全面发展的社会主义建设者和接班人"是党提出的育人目标,也是我们各级各类学校教育目标总的遵循。2014年,教育部出台《关于加强和改进普通高中学生综合素质评价的意见》,对高中学生综合素质评价有了明确的规定,指出综合素质评价内容包括思想品德、学业水平、身心健康、艺术素养和社会实践五个方面。综合素质评价提出以来,不仅是高中教学的遵循,初中教育教学实际也是围绕这五个方面进行,并成为高中、高校的招生依据。教育部从2014年开始研究,至2016年提出中国学生发展核心素养,主要包含六个方面:人文底蕴、科学精神、学会学习、健康生活、责任担当、实践创新。

综合素质评价、学生发展核心素养都是党和国家教育方针的具体落实,各学校具体的育人目标便是根据这些方针、政策形成的。我跟岗的三所学校,他们各自具体的育人目标如下。

北京21世纪国际学校:培养具有中国灵魂、国际视野与跨文化交流能力的社会主义建设者和接班人。

宁波滨海国际合作学校:基础扎实、双语并重、全面发展、个性优异的国际化高素质人才。

宁波外国语学校：把学生培养成为外语见长、全面发展、个性鲜明，具有本土情怀和国际素养的国际化人才。

北镇中学初中部的育人目标同高中完全一样：高分数、高素质、高品位。北中的主体是高中，初中发展要服从和服务高中，育人目标的一致性使学生升入高中后不至于有割裂感。育人目标可以与时俱进，不断发展，但不应频繁更换。

二、课程体系构建

课程是组织教育教学活动最主要的依据，是教育的核心，是决定学校办学质量的关键因素，直接关系学校办学目标的实现与否。课程体系是个复杂的概念，现仅从课程类型、课程内容两个容易理解与操作的方面阐述一下个人的理解。

（1）课程类型。课程类型主要有以下几种：学科课程与经验课程，分科课程与综合课程，必修课程与选修课程，国家课程、地方课程与校本课程。

从我们的实际来看，现行课程结构存在不足。学校的课程安排上，学科课程、分科课程占绝对优势，经验课程、综合课程微乎其微；国家课程占绝对优势，地方课程、校本课程微乎其微。

我们一天7节课，一周35节课，在升学压力、传统观念支配的双重作用下，实际开设的全是中考考试科目中的课程类型，至于经验课程、综合课程考虑很少，地方课程、校本课程躺在课程表上，主要是应对检查，做做样子罢了。

（2）课程内容。义务教育阶段课程，小学以综合课程为主，初中以分科与综合相结合的课程为主。我们现行初中课程内容有语文、数学、外语、物理、化学、生物、政治、历史、地理、信息技术、体育、美术、地方课程和实践课程。

在教师专业性缺乏、升学压力较大等阻力下，各学校也重视中考科目的安

107

> 静听校园拔节的声音

排与学习，不涉及的被边缘化，可有可无，成为中考科目抢占的时间。开全课程、开足课时成了教育部门检查的内容，从中就能看出课程开设不乐观的现状。

（3）跟岗学习的三所学校的课程构建情况。

北京21世纪国际学校已初步形成独具特色的"世纪课程"体系。"世纪课程"整合中外优质教育教学资源，确立"弘扬中华文化精髓，中西课程优势互补，适合学生未来发展"的课程定位，构建国家课程、国际课程、校本课程为一体，开发与实施了12年一贯制的中华文化课程、英语直通车课程、健康课程、艺术审美课程、综合实践课程。该校最终形成了独特的办学特色：打造小班高效课堂，实行包班制、学科整合、选课走班、分层教学；引入并优化导师制和过程性评价；STEAM教学已经成熟，开展OTO项目研究，全面推进教学改革。

宁波滨海外国语学校设置独特的学院制课程，在实施国家课程的同时，成立人文学院、理工学院、外国语学院、体育学院、艺术学院，根据学生的特别发展需求，提供选修课程。

宁波外国语学校提出的理念是国家课程校本化，拓展课程精品化。教师在及时了解学生需要和社会及科技发展最新成果的基础上，通过改编、补充等方式对预设的课程内容进行二次开发，对教材中的知识进行选择、重组、拓展、补充和整合。学校分学期开设基础性课程、拓展性课程，有具体的课程设计、课程实施办法、课程评价办法。

（4）我校课程开设现状及下一步打算。

北镇中学初中部强力落实国家课程要求，开全课程，开足课时，并从去年开始思考与开发自己的课程。任何一所学校的课程开发及落实必须结合本地、本校的实际情况，否则仅是噱头，没有生命力。课程设置要充分考虑学校育人目标、学校规模、班额、教师专业情况、学校硬件建设、本地教育资源等各种情况。在学习过程中，通过比较与思考，我们倾向宁波外国语学校提出的国家课程校本化的思路。

就课程的丰富性与育人目标的达成来说，个人认为北京21世纪国际学校最好，但其有不可复制性，单是教师专业化，我们就不可望其项背，其小学是三名教师包班制，一名本土教育硕士，一名外籍教师，一名海归硕士，根据世纪课程进行组织教学；硬件条件、本土教育资源、小班化教学条件充足，这些更是不可比。宁波的两所学校亦是如此，我们能学习与借鉴的是思路。

我校一年来的实践与宁波外国语学校课程理念是一致的，即国家课程的校本化，强调对教材知识的选择、重组、拓展、整合与补充。

①学科课程建设。各学科根据国家课程标准、根据学校"高分数、高素质、高品位"的育人目标，设计学科课程目标及内容。

语文主要从阅读与写作两方面补充课程内容，现行教材对阅读与写作的指导太笼统，需要具体化、可操作。为此，我们开设早读时间"晨风背诵"，阅读课开设名著导读、中学生阅读篇目及导读，写作课教授记叙文写作、中考作文技巧。以上内容现已全部编著成册，落实到课堂中，当中又以"经典朗诵"社团、"晨风"文学社作为辅助。

数学主要是课程整合，目的是使学生形成数学思维。在此，需提一下邢成云老师，他是特级教师、正高级教师、齐鲁名师、省优秀教师、省教学能手、国家骨干教师，在数学教学与研究上有深厚造诣。在他的主导下，数学进行了课程整合，主要是初中三年国家数学课程的重新编组，因涉及教师考核与兄弟学校评比事宜，现只有邢老师班级落实（实际效果不错）。从2018年9月新学期开始，初一年级进行了年级课程整合。

▶ 静听校园拔节的声音

英语课程重点有两方面，一是初一学生的《快乐英语》。小学毕业生英语水平良莠不齐，甚至部分是零基础，与初中教材不衔接。为此，我们利用2周课时时间进行统一传授，主要涉及48个音标的读法、26个字母的规范书写。二是英语阅读，我市中考每篇阅读在220字左右，一些地市已达350字。阅读量偏少制约了学生英语水平的提升，也与高中教学产生割裂。英语组从绘本及故事阅读开始增大阅读量，同时启动了英语的研学课程，对接英国布鲁克豪斯中学、拉夫堡中学，并在信息化支持下进行同课异构。

物理、化学、生物启动实验课程开发，紧扣中考实验要求，对教材要求必做实验，进行外延与改变。2018年春节后，联合美术、信息技术共同进行了STEAM尝试。为此，我们还编印了《科技报》，现已出版两期，申请省教育科学规划课题"青少年科技创客教育内容构建与实践路径研究"，也已经立项。在这些看得见、摸得着的课程、办法下，学校努力增强学生的科学精神、实践创新能力。

历史、地理正在做研学课程，线路选择在北京、西安、洛阳、曲阜四座中华文化底蕴深厚的城市，另在研究分层作业和高效作业；音乐、美术是以各类社团为载体，如民乐、舞蹈、合唱、剪纸、素描、纸装等；信息技术有机器人、3D打印社等；心理与政治课程进行了整合，我校初一开设专门心理课，每周一节，课程涉及认识自己、集体生活、处理各种关系、自信自立等，同时要求心理教师通读初中政治教材，参加政治组集体备课。

体育课程开设"快乐足球"，结合市局发放的足球教材一并使用。初三《中考体育测试指南》已经落实到课堂，涉及平常的体育锻炼、初三体育课、中考报考项目、中考政策等内容。

奥赛辅导课程的启动是为高中奥赛打基础。高中的省奥赛在每年9月份，只有高二、高三的学生参加，从时间节奏上来说相对滞后。于是，我们选择从初三开始，这样，高一时便有机会参与。奥赛辅导课程定为每周末开课，现开设数学、物理，授课老师由高中竞赛部老师担任。

②德育课程（综合课程、经验课程）建设。这部分跟兄弟学校大同小异，主要包括以下方面。

主题班会，每周一节课，是德育处、级部、班主任的阵地；国旗下讲话，每周一次，确定主题、学生发言人、学校讲话人、领誓人等，并注意与主题班会的衔接；社团活动，分门别类的有几十个，并保证秩序与效果；公益活动，团委负责，主要包含植树、敬老、助残、当志愿者等；电影课程，团委与语文组负责，主要包括先期的筛选、剪辑，后期的影评等；学生自治，由德育处、团委负责，具体到卫生、纪律、餐厅就餐、休息秩序、校园安全、大型活动等方面。

三、课程落实的政策支撑

课程的设计是理想的，落实是骨感的。如果没有政策支撑，就是理想主义、一纸空文。个人认为需要以下几方面的政策支撑。

（1）课时。北京21世纪国际学校设置为每节课40分钟，下午第一节后全为选修课程；宁波滨海国际学校设置为每节40分钟，下午第二节后全为选修课程。我校同样是每节40分钟（这是在北京21世纪国际学校学习时，由教研组长提议确定的），每周二、四下午第二节后、星期天下午全部为选修课；学科课程全部在课堂上落实与完成，不需要额外的课时，每天另设20分钟阅读课和语数外小课。

（2）基础设施、教师队伍等硬件。我所学习的三所学校的基础设施建设非常完善，师资队伍一流，足以支撑他们的教学场地、科目教学。北京21世纪国

> 静听校园拔节的声音

际学校实行小班化教学,每班不超24人,宁波两所学校不超40人;功能房足够选课走班与社团活动。师资方面:北京21世纪国际学校都是硕士、外教、海归,以名牌师范类毕业生为主,北大毕业生也有;宁波两所学校是面向全省招聘优秀教师,应届生也是筛选的师范类211、985学校的毕业生。

反观我们,在基础设施、教师队伍上与其不可比。北中初中部在进行校舍改造,功能房非常紧张;师资紧缺,已经10年没有新教师。在诸多矛盾中,我们全力以赴地开展着工作。

(3)考核与评价。对教师的评价关系课程能否实际落地。我所跟岗学习的三所学校,只有北京21世纪国际学校对我们言无不尽,其考核主要含学术能力、业绩能力和工作量,这些因素都决定着工资;宁波的两所学校在交流中都回避了,据推测也是用工资来衡量。我们公立学校不可能用奖金激励。我校的考核对学科课程好操作,有具体的考核办法,难在对综合性课程、社团课程的考核,现尝试在额外工作量分数、职称评定分数当中体现,并将教师考核与所教授班级挂钩。

(4)外部环境。外部环境的支持,特别是教育主管部门的引领与支持至关重要。在宁波学习交流时,有一小学校长提出,宁波江北实验小学二年级的英语课非常精彩,但若复制到他所在的学校,肯定被判违规。可见,在坚决贯彻国家教育方针的前提下应多一些包容、尝试政策或态度。

办学体制的灵活性更需要政府、主管部门来设置,单靠独立的学校无能为力。

四、课程落实背景下的办学特色

办学特色是指学校在办学中出色地完成国家教育任务的基础上,又在整体上形成的独特、稳定、优质的个性风貌。根据定义来看,只有在落实课程方案的基础上才能形成办学特色，简单地组织几次活动，或者获个奖，都谈不上办学特色。

我所跟岗的三所学校都形成了自己的办学特色，双语教学、国际化是其共同特点。北镇中学突出的特色应该是航空教育，有政策、有课程、有落实、有成绩；北镇中学初中部的初步构想是建设科技、运动型学校，但这需要3～5年的时间进行探索与实践，现在还不成熟。

以上便是本次外出学习的收获与思考，愿我们的课程落实效果达到理想的愿景，帮助学生发展能力、完善人格，为人类文化贡献自己的力量。

> 静听校园拔节的声音

刚性的制度，温暖的人情
——谈学校的制度建设及执行

数学组李老师到我办公室递交申请，因过了52周岁、加上颈椎不好，暑假过后要求只教一个班。我们《山东省北镇中学教师考核办法》（以下简称《办法》）上明确规定："离法定退休年龄5年内的教师（女教工按承诺的退休年龄定）周课时9节为标准工作量。"《办法》是经过教代会表决通过的，李老师的要求从她个人情况来说并不过分，但作为数学科目来说，教一个班不满课时，年级又是偶数班数，一个班不好安排，加之李老师是有丰富经验的优秀教师，不多上节课实属浪费人才。怎么办呢？考虑再三，我没答应她的要求，但我同意对她放宽考勤，不仅是李老师，是所有如李老师一样的教学优秀、敬业奉献、超工作量的老教师。李老师毕竟是我们的北中精神传承者，很愉快地接受了。这也让我深刻感到：老师们很多时候并不怕累，是害怕累了、多干了，学校还认为理所当然，老师们需要认同、鼓励与表扬。

在实际的管理当中我发现，当团队在十个人左右的时候，靠的是管理者的人格魅力，只要有一个有能力、有魅力的领导者，工作就可以风生水起。但是，当团队到几十个人、上百人的时候，靠的就是单位的制度管理，只有制度完善，才能更好地约束和规范人的行为，单位才能管理规范。至于"一流管理靠文化，二流管理靠制度，三流管理靠人治"的论断，我并不认同，文化管理更多的是一种浸润与潜移默化，想达到预期效果必须是建立在管理制度合理完善、执行到位的基础上的。

学校管理制度的建设、执行需要从三个层面进行考虑与运行。

一、学校的制度建设

"经国序民,正其制度。"一个国家如此,一个单位亦是如此。邓小平曾说:"制度问题不解决,思想作风问题也解决不了。"公平公正、积极向上的学校制度建设是教育教学质量提升的保障。教职工考核(含考勤)、教科研制度、职称评定、绩效工资发放、评先晋优,这五个方面是学校制度建设的重点工程。北镇中学制定了《教职工考核办法》《关于考勤的有关规定》《职称评审及晋档赋分办法》《评先晋优实施细则》《绩效工资及精神文明奖分配方案》等,因为北镇中学的主体是高中,初中部只是其一个分支,我们在遵照执行的同时对《教职工考核办法》进行了微调,使之更符合义务制学校的实际情况。当然,后勤、电教、行政、档案等部门和业务也需要制度建设,最核心的还是以上五个方面。

制度的建设必须遵循客观科学、公平公正、多劳多得、优绩优酬、评先树优的原则,尊重劳动与智慧,倡导奉献与仁爱。制度的建设必须在广泛征求教工意见的基础上,经一定程序通过实施,得到大部分教职工拥护与支持,如此才有生命力与约束力。

制度的建设要与时俱进。学校发展中新情况、新问题不断出现,制度也要与时俱进、不断修订与完善。

二、制度的执行

培根说:"制度不执行,比没制度危害更大。"制度的生命力在于执行。

要让全体教职员工清楚有哪些制度,哪一些与其息息相关,工作量的界定、考勤制度的规定、绩效工资的发放等,要组织教工认真学习,理解弄懂哪些是责任、哪些是权利,哪些是必须完成的工作,哪些是自我发展、自我完善的需

▶ 静听校园拔节的声音

要，找准目标与方向，规避风险与失误。

中层以上干部带头执行制度，制度之内无特殊，中层干部与校领导执行好了，教师自然看在眼里并跟随执行。我校要求全体干部带头上课、尽量上满课时量，我们三个级部、六个级部主任，其中有五个兼任班主任并上满课时。四个副校长全部上课且课时量都达到满课时的 2/3。我想，李老师愉快地接受任务，跟学校的大环境应该也有关吧。

制度的执行要有监督，具体落实制度的科室负责人责任重大，执行力要强，要公道正派，要能服众，在执行制度的过程中不徇私情。

三、制度内外的人情味

制定制度时考虑到各方面情况，充分尊重教师是第一位的，尤其要理解非人为因素造成的耽误工作情况，最大限度地保护教工利益。我校在考勤办法中规定：每月签到、签退允许漏签 8 次。起因就是考虑到教工下午没课时可以多睡会，或者有不方便请假的特殊情况需要处理，都可利用这几次允许的时间。考勤办法规定教工孩子上小学三年级之前，允许下午提前半个小时早退接孩子。这也是制度内的人情味。对教师因年龄、重大疾病、父母疾病陪护等造成的考勤与工作量上的影响要体现人情味。

学校决策者要明白制度的制定目的是激发教师积极性，规避不良行为，不是为了"治理"教师。教育质量的衡量带有隐性特质，一名教师如果从心底不想干好，表面上我们是看不出来的，甚至他还是一名遵规守纪的"好老师"。因此，我们要想方设法地让教师成为真正的"乐教者"，然后才能成为"善教者"。尊重教师，制度制定"定"出正气、"定"出方向，便显得格外重要。

再好的制度不可能把所有情况、所有问题都包含在内，制度之外的情况下我们怎么处理呢？文章开始提到的李老师便是如此。我个人观点是因人而异，一名优秀教师、满满正能量的教师出现特殊情况，一名懒散、负能量的教师出现特殊情况，我的态度及处理办法不会一样，"不让优秀者、贡献者吃亏，不让表面文章者赚便宜"就是我的信条。

制度之外的人情味是为乐业者、善业者准备的，各方面制度完善了，执行到位了，干部带头了，教师认同了，慢慢才有文化管理的基础与氛围，才有"不用扬鞭自奋蹄"的精神与境界。

▶ 静听校园拔节的声音

提炼学校丰富文化内涵，积极应对各方面挑战
——入职讲话

老师们：

今天我们召开初中部全体教职工大会，总结上学年成绩，部署安排新学期工作。按照学校党委的安排，我到初中部工作，就我个人而言，对初中部既熟悉又陌生，熟悉是因为 10 年前我曾在这里工作过，同在座的大部分共过事；陌生是因为 10 年的时间里情况变化较大，我会有一个熟悉适应的过程。根据初中部领导班子研究的意见，在这里，着重讲以下几个方面的问题：

一、充分认识成绩，客观面对问题

近年来，在历任领导班子的领导下，在全体教师的奋力拼搏下，初中部逐步发展壮大，由弱到强。2004 年，我们招生是各县跑，宣传动员，以致有调皮捣蛋的学生还不敢处分，原因是招生困难。今天，我们能对想进入我校的学生及家长说"不"。这是个巨大的变化，这个变化里面包含着历任领导、全体教职工的智慧与汗水。2018 年中考，初中部取得了辉煌的成绩。航空班、校长实名推荐、一榜考入北中高中部 450 人，占高中城区录取的 38%。当前，无论是规模、质量，还是办学条件，初中部在全市初中有一定的地位，而且这种地位日益巩固和提升，学校发展势头和前景十分向好。学校启动校区改造工程，分两次对旧楼改造，届时我们的办学条件、办学环境还将有大的改善。成绩来之不易，需要我们共同维护和不懈努力。

我们在总结成绩的同时要看到，学校发展还面临着一些问题，是我们今后努力的方向。

（1）我们重视学生成绩、重视教学质量，却对学生素质教育与人文情怀教育关注不足。学校在教代会文件上提出"高素质、高品位、高分数"三高学生培养目标，其中的高素质、高品位就来自素质教育、人文情怀，也是来自国家"培养德智体美全面发展的社会主义建设者和接班人"要求。这涉及我们作为教育工作者、作为一所市属中学"为国家培养什么样的人"的重大课题。

（2）我们对"课堂质量"的重视程度有待加强。有几个情况需要跟老师们通报一下，一是去年市教研室教学视导，我校优课比例不足70%，还有2节不合格。二是跟高中部级部主任交流时，反映一个现象：我校学生到高中后，发展后劲不足。三是不断地有家长反映某位老师课上得不行。这些都提醒我们反思，是不是课堂效率与质量出现了问题？

（3）我们对年轻教师的培养，特别是对近三年新参加工作的教师的培养力度不足。我们教研帮扶的渤海中学有102名教师，大多是新参加工作的教师，这支队伍的成长直接关乎我们的质量与声誉。

（4）教师队伍师德师风的建设问题。这属于大是大非问题，有偿家教只是其中之一，《山东省北镇中学教师工作考核和"奖励绩效"工资发放办法（修订）》中涉及师德一票否决的情况都需要我们引起重视。

（5）我们还面临着许多外部挑战。全市不少民办中学开始招收寄宿制学生，我们不再是城区学校招收寄宿制学生的"唯一学校"；其他学校挖走我们片内部分优秀生源；帮扶的渤海中学教师不稳定，优秀师资外流，对我们教育教学以及管理造成了不可预计的损失与麻烦。

面对新形势、新挑战，我们怎么办？这是我们全体北中初中部人不可回避的问题。我认为，我们应该深刻总结与提炼初中部丰富的文化内涵，用文化内涵引领大家积极应对各方面挑战。

▶ 静听校园拔节的声音

二、深刻总结与提炼初中部丰富的文化内涵，众志成城应对各方面挑战

（1）我们要深刻总结与提炼北中初中部丰富文化内涵，特别是我们这支队伍体现出的品质特点，以此指导与规范我们的思想与行为。我在思考后，提出四组词进行概括，如有不当，诸位可批评指正。

第一，团结。团结，是由多个个体、多种情感聚集在一起而产生的一种精神。团结就是相互配合，真正的团结是无条件的配合。想要成为一个团结优秀的集体，需要我们用真诚去面对集体中的每一个人，让这个集体里的每一个人都感觉到温暖。如果一个团队没有团结的精神，那么这个团队就不能称为团队。

我们来自五湖四海，从时间上说，有2000年来的，有2010年来的，还有今年刚到的；从地域上说，有无棣、博兴、惠民、城区等；从隶属关系上，有北中原初中部、原高中部、渤海中学的。我们这支队伍如果没有团结精神，将是一盘散沙，毫无战斗力。几年的成绩证明我们是团结的，有战斗力。我们一定要将这种精神保持下去，团结一致、众志成城。不利于团结的话不说，不利于团结的事不做，并将它作为一条铁的纪律要求我们的一言一行。

第二，包容。我原先定的词是"兼容"，兼容是"兼容并蓄"的兼容，指把不同内容、不同性质的东西收下来，保存起来。包容，字面的意思是宽容、容纳。如能有把两者都概括的词是最好的：把不同内容、不同性质的东西收下来，保存起来，好的方面进行学习，不好的方面能宽容和容纳。"三人行，必有我师"，学习别人的长处，禁止、杜绝"文人相轻"。学校管理层、每个老师都应该如此。初中部在20年的发展过程中，在上述复杂的人员组织过程中做到了这一点，这可以作为我们文化的一部分加以提炼与总结，如有违背这一文化的言行，我们都要进行旗帜鲜明的禁止与反对。

包容需要胸怀与气度。高中部曾发生过一件小事，有人反映一名教师夏天经常穿拖鞋进教室，但这位老教师成绩突出、品质优秀、受人尊重。当时，老校长以开玩笑的口气说："我们北中能容下一名穿拖鞋的教师，但前提必须是一名优秀的老师。"虽然随后私下提醒了一下该老师，但从中能看出一名管理者的胸怀与气度。我们初中部领导班子成员也能容下一名穿拖鞋的教师在校园行走，但这个人必须业绩突出、品质优秀、受人敬重，我们不要因为个性而抹杀才情。

我们同时要求全体中层以上干部、教研组长、备课组长、班主任都要有胸怀与气度容纳个性，容纳同事的、容纳学生的。多看人长处并学习，少些指责、少些斤斤计较。

第三，拼搏。字面意思是尽最大的力量，用自己的所有不顾一切地努力，去实现自己的目标。这一个词语用在我们在座初中部的教师身上非常贴切。作为个体，当年我们背井离乡，毅然决然地辞去在编的工作，走向一种未知的生活，一直到今天拥有现在的一切，都是拼搏奋斗的结果。作为学校，实验初中部从无到有、由弱到强，办学规模从每年级4个班到现在每年级20个班，教师队伍从最初20多人到今天的200多人，都是我们这个集体拼搏奋斗的结果。

现在条件好一些了，但我们不能把"拼搏"这一优良的传统丢掉，年轻教师更要将这一传统继承与发扬。

第四，跨越。跨过、越过某个界限或障碍从而达到一种新的高度。从事件影响意义上来说，我们初中部经历过几次跨越。一是2004年"两区四校"实施时，初中部从市卫校搬迁至此，结束了在外漂泊、租用校舍的历史，从学生至教职工的内心有了"家"的定义与感觉，真正的校园文化才开始有了阵地；二是自2010年开始，教师队伍分三年三批将自收自支编制转为全额编制，学生从收费制转为义务教育，解决了教师的后顾之忧，开启了初中部办学的新历

> 静听校园拔节的声音

史；三是2014年签订协议将闲置校舍租赁给滨州市渤海中学，盘活国有资产，并对渤海中学进行教学帮扶，为壮大我市民办教育贡献了力量，为我市探索混合所有制办学提供了实践基础。

我们已经有过诸多的跨越，还会面临新的跨越。当前，我们便面临一个机遇，同时也是挑战，这就是市政府、市教育局已经同意在我市探索混合所有制办学模式。我们想办法一定将这一政策用足、用好、用活，顺势将我校在教育教学质量、办学特色等诸多方面进行提升，从而实现初中部的再一次跨越。

（2）以学校文化内涵作为引领，攻坚克难，解决上述诸多问题与挑战。

第一，我们的管理体制有所调整，公布一下领导班子成员、中层干部调整及分工（略）。所公布的中层干部已经汇报给学校党委，学校党委完全同意，随后会以学校名义下文公布。届时，我们将彻底解决部分中层干部没被学校确认的历史遗留问题，为学校管理、干部队伍建设奠定基础。

第二，高素质、高品位学生的培养是系统工程，不是一人一己之力搞个活动、上一节优质课就能完成的。它需要教师立足课堂、立足学科特点，根据教学目标、教学大纲要求落实好教学常规；它需要德育处带领各级部、各班主任将班级文化做细、做实；它需要艺术部将我们的纸装表演、民族乐团、各项艺术活动做成一个系列并能坚持；它需要团委、学生会根据学生兴趣与发展潜能制定社团活动方案并付诸实施；它需要体育组开展系列体育运动，让我们的学校充满读书声的同时，充满歌声、笑声、呐喊声。

第三，课堂质量问题与青年教师培养问题一起谈一下。一是要从教学常规上从严要求，特别是备课。教科室从开学初要将备课要求、听课要求、教研组活动要求、培训要求、批改作业要求明明白白、清清楚楚地告知每一位教师，包括中层干部。坚决杜绝一个备课本用三年的现象，各位教师要致力备好每一节课、上好每一节课，向课堂要效益，避免课上不足、课下抢占时间的低效做法。各级部主任、各教研组长、各班主任都有责任与义务听所在单位的任课教师的课，各教研组长要将集体备课搞扎实、求实效，要加大对个别教师的帮扶。

青年教师发展中心要充分利用名师效益，选定部分目标，搞好师徒结对，并对师傅和徒弟提出明确要求；利用好"一三六九"政策，促进教师快速成长；对青年教师的培养要有固定模式，也要有丰富多彩的活动。

老师们，我们都是科班出身，甚至有研究生，工作几年，连讲台都站不稳，动辄有学生或家长反映教得不行，实际的成绩也很一般，这应引起我们个人的反思。不会讲，可以多听老教师讲，听两节讲一节。如果经过三年的历练仍然思路不清、办法没有、成绩落后，那只能证明我们个人不适合这个行业。

开学后，我们将重新编制教师工资发放办法，由校长牵头负责拿方案，方案要充分体现多劳多得、优绩优酬，较大幅度提高班主任津贴，较大幅度提高成绩优秀和超工作量者的待遇，降低不满工作量、态度不积极、考核成绩差的教师的待遇。

第四，师德师风建设问题。再次强调，老师们要离师德考核一票否决的14条内容敬而远之，特别是有偿家教，这既是要求又是对大家的保护。学校在接到的有偿家教举报信件中，初中部占一定比例。提醒老师们明辨是非，特别是老教师，月工资接近一万，闲暇时间可看看书、逛逛街、享受享受生活，提高一下生活质量，坚决不办糊涂事。

三、全面调整优化，迅速步入正轨

经过一个暑假的休息调整，老师们状态都不错，网络语为"满血复活"。开学在即，我们要迅速调整优化，从暑假松散状态进入开学紧张状态，要重点围绕以下几个方面精心准备，迎接学生和新学期的到来。

▶ **静听校园拔节的声音**

（1）各级部组织好学生报到，组织好初一年级分班考试，组织好调整办公室、教室，组织好课程表的安排。

（2）教务处准备教师用书、学生课本，总务处准备备课本、作业本。

（3）德育处安排教工值班，安排学生宿舍。

（4）做好安全工作的防范、各教学服务科室的工作准备。

具体事项由各分管校长专门会议进行部署。

老师们，新学期在即，让我们胸怀"高素质、高品位、高分数"的育人目标，秉承团结、包容、拼搏、跨越的优良文化传统，抢抓混合所有制办学发展机遇，努力奋斗，再创初中部新辉煌。

文化是学校的灵魂

学校的二期工程改造完成后,我们在"勤奋楼"二楼设立了专门的校史馆。北镇中学初中部并不是独立单位,是北中的一部分,相当于一个级部。但校园独立,初中、高中教学管理相互独立,这使学校有了很大程度的办学自主权。初中部自 1999 年成立至今已有 21 年,是该有自己的校史馆,追寻一下走过的路了。不忘初心,方得始终。校史馆的前 1/3 是整个北中的内容,后面的是初中部成立至今的发展历程,成立至今已四迁校址,换了六任校长;办学规模从最初的一级 2 个班到现在的 20 个班,教师从 20 人到 200 人,这段艰苦奋斗的发展历程本身就是很好的校园文化内容。

有人说:"一流管理靠文化,二流管理靠制度,三流管理靠人治。"我并不赞同这种观点。优秀领导者的自身魅力、公平完备而又执行到位的管理制度、富有底蕴积极向上而又与时俱进的文化,这三者很难说哪一种更好,应因实际情况决定,三者有机融合在一个单位是最好的。

我时常考虑校园文化的内容提炼与现实影响问题。在诸多的对校园文化的理论表述上,我更倾向于"学校文化是学校各文化形态的总和,包括物质、精神、制度及行为等方面的内容,需要师生共同创建并一起享受"的定义。在学校建设与发展过程中,学校主体会形成拥有特殊凝聚力的学校风貌、制度规范及学校精气神,它们的内核是学校共同的价值观念。

山东省北镇中学已经走过了 68 年的风风雨雨,沉淀出了丰富内涵与文化。初中部作为其构成部分,大多数精神与底蕴是来自本部。在实际的办学中,初中部成立晚,相对独立,20 多年的办学历程又形成了自己的诸多东西,这些独

▶ 静听校园拔节的声音

自形成的文化更能激励、鞭策、指导实际教学。因此,单独设立校史馆,总结与提炼办学内涵,使教职工、全体学生得到精神滋养是很好的一件事情。这也是国家"文化自信"的一个小小的组成部分吧。

北中的校训是明志、勤奋、求实、创新。其内涵我已在本书的一篇国旗下讲话中阐述较多。值得一提的是,学校改造工程完成后,我们的主教学楼正好四栋,我们便给四栋楼起了"温暖的名字",分别是明志楼、勤奋楼、求实楼、创新楼。北中的师风、学风、校歌、育人目标四个内容共同丰富了学校的文化内涵。初中部与其一脉相承,从这些字句里面不断地汲取着精神力量。

学校的制度建设已经比较完善,特别是涉及教工考核、考勤、工作量、职称赋分、评先晋优、绩效工资发放、教科研等重大事项方面,都是经过了多年的讨论、修订,最终经教代会通过而决定实行的。初中部在执行过程中,教职工考核办法、教科研制度两方面略有调整。这是因为义务阶段学校与高中阶段毕竟不同,我们的调整更贴近义务阶段实际情况、更有利于激发教职工积极性。从执行效果来看,都是符合实际与可行的。

从学校改造工程开始,设计院与学校反复研究、多次沟通,向"环境育人"的方向倾注了心血与智慧。明志楼前是文化广场,视野开阔,当中立有先师孔子像。孔子像是其诞辰纪念日2019年9月28日立起的,当日举行了揭幕仪式。文化广场东西两侧各有紫藤文化长廊,两侧的紫藤已有几十年的树龄,它们是北中的活古董,改造工程中花费了大力气进行保护,可喜的是它们都活着,并且茁壮成长。广场上植被繁茂、郁郁葱葱(图3-1),与孔子像、紫藤长廊相得益彰,文化氛围浓郁。勤奋楼前广场用树木进行了点缀,老校留下来的一尊铜塑"希望之树"也安放在勤奋楼前醒目位置,这是几代人的一种记忆与符号。求实楼原名"逸夫实验楼",原名的大字没有拆除,仍留在了原位置。楼前改造很大，银杏树、翠竹、草皮、海棠树，造型颇多并安装了石桌石椅，光线转折之处有曲径通幽之感。中间位置有社会主义核心价值观刻于石墙之上，学生读书、嬉戏之时，家国情怀厚植于心。创新楼前对古树进行了保护，几棵白蜡树冠很大，造型美观，盛夏时节的浓荫、深秋季节的金黄会成为校园最美的风景。诸多北中毕业的老校友都会来老校区寻找记忆，白蜡树、紫藤树、"希望之树"便成为一种记忆符号。

图 3-1 广场植被繁茂、郁郁葱葱

教学楼的走廊文化、班级文化都是校园文化的组成部分，各校根据自己实情规划不一。我校的走廊文化主体是学生作品，包括书画、摄影、学生活动照片，还包括优秀教师、最美教师、月度教师的介绍等，根据主题的不同定期更换。班级文化完全交给级部主任和班主任。实验室、餐厅、宿舍、舞蹈房、剪纸房、画室、民乐室、合唱室等功能用房各根据功能布置文化元素，突出学科育人功能与氛围。

校友文化是校园文化的重要组成部分。凡是老校都比较注重校友的联系与

静听校园拔节的声音

其作用发挥，我校也不例外。我们设有专门的校友联系部门，收集了诸多的初中部毕业生信息，这对北中本部的校友信息是一种补充，也对滨州的"招才引智"工程做出了积极的贡献。

学校文化的发展离不开学生、教师及领导者的参与，三者作为学校文化建设与发展的主力，必须与时俱进，不断创新与发展，如此才能保证学校文化的生命力，让其成为学校的灵魂。学生方面，养成良好行为习惯、奋发有为、厚植家国情怀、开拓创新、励志成才就是文化；教师方面，传承北中优良传统，落实立德树人根本任务，争做"四有"教师就是文化；学校方面，贯彻国家教育方针，落实好国家课程方案，培养"德智体美"全面发展的社会主义建设者和接班人就是文化。

除了上述方面外，学校文化不能缺少继承，也不能止步不前，要不断发展，积极创新。学校文化的形成不是一朝一夕能完成的，其是一个逐渐积累、不断完善、长期坚持的过程。学校在文化管理建设中，只有将自身潜力及优势挖掘出来，充分合理地运用各方面资源，才能形成独具特色的学校文化，才能让学校在可持续发展的道路上不断前行。

第三辑　管理篇（俯下身子搞管理）

我们立身的根本在课堂

　　18节老教师示范课结束了，我有一节因其他事务落下了，听了17节。加上新教师亮相课和随时的推门听课，本学期共听课45节，从量上来说算是完成任务了。我校规定任何上课教师和全体中层以上干部每学期听课不少于20节，并要求师徒结对者互相听课不少于10节。学校中层以上干部全部上课，且课时数不低于满课时的2/3，我校三个级部、六名级部主任，其中有五人兼任班主任，另一人兼教务处主任。我们将精力、精英、精神全部用在了课堂上，因为我们深知学校工作的关键在课堂。

　　老教师的示范课有两节我不太满意，只能算是合格课，其他都能算上优秀。这两节在评课时，老师们也都不隐瞒地指出了其不足，并给出了建议。我在评课时指出：示范课应该是备课组集体智慧的结晶，不应该出现合格课，全部优秀才对。这证明我们的集体磨课出现了问题，应该注意和加以改正。两名合格课的老师很是自责与不安，一段时间里追着我要我再去听课。隔了一段时间，我推门又听了她们两节，的确是有变化。听课、评课的目的也达到了。

　　我的随机听课并不"随机"，我听课是采取"两盯"。"一盯"一个班，我会在一个班里听七八节，甚至更多，如此一来这个班里所有科目基本能听完，对教师也有了基本的了解与判断；经过几节课也基本上能掌握这个班的学情，方便同班主任、级部主任沟通与分析。"二盯"一个人，我会听一个教师的课达8节，这种方式适合用在年轻教师身上。听完8节后，对一名教师身上的优缺点一目了然，方便我们一起分析、研究、改进。实践证明，这种办法是可行并有效的，下一步我会进一步改进，将这个方法纳入教工的听课办法里，人人参与进来，从面上发挥作用。

129

静听校园拔节的声音

关注课堂能带动学校整体的风气聚焦主业。人都有惰性，教师也不例外，到了一定岁数，到了一定水平，进取心淡了，工作上或多或少有应付的现象，再往下发展很可能就是离开课堂，到非教学岗位。这种现象如果不进行干涉，任其发展，行政岗位、后勤岗位会成为教师（特别是高级教师）追求的岗位，学校主业会受到重大冲击。因此，人人上课，校长也要上课便成为导向。北中初中部的行政岗上基本是病、残和落聘人员，没有因年龄大转岗的，这一点我很感谢四名副校长的自觉与对学校工作的支持。干部带头了，风气形成了，再加上制度的约束，聚焦教学、聚焦课堂的整体氛围便有了。

人人想教学、人人为教学思想深入人心并实施后，下一步才是研究课堂、研究学情、研究教学方法。课程建设与高效课堂建设是聚焦课堂的核心部分，在本书中另有专门篇幅详述，在此不再阐述。

为了激励教师上好每一节课，提高上课的水平，我们每学期会组织几种类型的听评课。

一是新教师亮相课。开学初至期中考试前，组织完新教师的亮相课。因对渤海中学的教学进行帮扶，故对其教师队伍的建设帮扶便也在计划内了。学校每年大约新进15名教师，一般利用开学后一个月内听完，他们的亮相课结果直接跟试用期满后是否聘任有关，所以每位老师都认真准备，反复磨课。一名青年教师走上讲台的前两年是至关重要的，他能成为一名什么样的教师就是靠这两年打基础，因此对青年教师的培养与磨砺，我们不必手软。

二是老教师示范课。老教师示范课目的有二，一为激发老教师的积极性，用讲课的方式鼓动他们的斗志，改变凭经验上课的氛围，让老教师感受到压力与激情。二为青年教师树立榜样，课应该怎么上，向老教师学习并模仿他们。

三是推门听课。推门听课是面向全体教职工的，尤以中层以上干部为主，意在了解我们的常态课实际情况如何，教学的常规落实如何，有没有应付，学情如何，学生整体状态怎么样，等等。这些问题都能通过推门听课了解到位，只有了解实际情况，才能有的放矢地解决问题。

四是积极参加上级主管部门组织的讲课、听课。市教育局、省教育厅组织的听评课活动层次高、水平高，学校要利用好这些机会，积极组织教师参加。仅2019年一年内，我校外出学习交流活动的参与人数覆盖13个学科组全体教师，共有450多人次参与教育教学的交流学习活动（全校上课老师182人）。全科参加了市级研讨会，全科参与了山东省"送教送研"各学科听评课活动。一年中，我校一名教师参加国家级公开课展示，三名教师执教了省级公开课；一人次参加了第一届山东省中小学青年教师教学竞赛活动并获奖；四位教师执教市级公开课；两位教师参加市级实验说课与电化教学说课活动。八人次在国家、省、市级研讨会上做了专题发言；两人次获山东省教学成果奖；本学年我校共有省市级结题课题3项，省级立项课题1项，市级课题5项；学校小课题申报18项；教师发表论文70多篇；12位教师获得省级"一师一优课"奖项。

人民教育家于漪直到退休不离讲台，著名艺术家常香玉古稀之年仍活跃于舞台上，这些大家用行动诠释着"立身之本"。对教师来说，课堂是自己的主阵地；对学校来说，课堂是我们的立身根本。

● 静听校园拔节的声音

在学校工作的每个成员都是教育者

刘师傅原名刘新河，今年已有66岁。2004年，我第一次到初中部工作时，他已在学校工作了2年，算是初中部的"元老"了。他原是学校招聘的临时工，负责绿化与一些临时杂务，后来学校不允许有临时工，他的人事关系就转到了物业，工作还是那些工作。刘师傅话不多，工作上任劳任怨，酷暑寒冬、春去秋来，教学楼早起开门、晚自习后清楼锁门的都是他。每年的寒假、暑假，学校都安排中层干部、物业保安值班，但不时到学校教学楼转转的总是刘师傅，他真正做到了以校为家，吃住都在学校，所以每年的假期只要刘师傅他们几个在学校，我都很放心。

刘师傅见证了这所学校从无到有、由弱变强的过程，他对学校的感情是真挚的。我重新回到初中部工作后，对刘师傅也给予了原则内的关心，之前的劳动关系保险问题、物业公司的续聘问题有了妥善解决。老师们对刘师傅也很好，从没把他当外人或"临时工"看。他的儿子因意外昏迷住院，学校工会发起了捐助，老师们都积极参与，帮刘师傅渡过了难关，换来的是他更真心的付出与负责。

蔺师傅我还不知道他的名字，快60岁了吧，他是物业聘任人员，负责校园大环境卫生与实验楼的卫生。我认识他是在雨天的傍晚，他冒着很大的秋雨将综合楼垃圾车里的垃圾倒至垃圾站。我说："这么大的雨，明天再干吧。"他回答道："晚上学生们会将教室垃圾放到垃圾车里，现在不倒出去就耽误用了。"做事不将就，不怕吃苦，以工作为重，我对他印象非常好。逐渐地我发现，他每天推着垃圾车围着校园转好多遍，大环境卫生其实是由学生负责的，每班都

第三辑 管理篇（俯下身子搞管理）

有卫生区，但孩子们毕竟不是时刻都盯着卫生区，真正使其保持干净的是蔺师傅，特别是秋冬交替季节，树叶一阵风过就落满地，工作量很大。蔺师傅不急不躁，所过之处一尘不染，垃圾桶也发着亮光。

我了解到，蔺师傅家庭困难，为了多赚点钱，额外多承包了实验楼的卫生。原先实验楼只在做实验时才有学生，学校因建设二期工程，扒了旧楼盖新楼，一个级部的600名学生临时住进了实验楼，工作量陡然加大，蔺师傅没有一声怨言。我协调着让蔺师傅可以免费到伙房吃饭，帮助他解决了做饭问题，还省了钱，他很是感激，也能看出他将这份感激用在了工作中。

物业的李师傅是门卫，年龄偏大，身体倒很硬朗，喜欢笑，很负责任。每到学生上学、放学时，他都提前站到位。给我印象最深的是他的负责，只要是他值班，外来车辆、闲杂人等不可能进入校园，会严格按程序联系上当事人才放行。他对学生爱护有加，经常听到他在喊："注意车辆、注意车辆，往边上靠。"学生到校后无教师批条者，在他眼皮底下不可能出去，有些他认为不像教师签字的，都会打电话逐一核实。可能受他的感染，整个门卫队伍精神面貌、认真的工作态度都是值得肯定的，为学校的安全设置了第一道防线。

我常常在想，抛开编制和身份，单论对学校的贡献与对工作认真负责的态度，几位师傅会令我们部分教工汗颜。在学校工作的每个成员都是教育者，都肩负着教育任务，或言传，或身教，管理人员包括校长、物业队伍、后勤行政人员、临时聘任人员都是这支队伍中的一员，我们的每一项举措、每一句话、每个行动都是为了完成教育的任务，舍此无他。在这个过程中，学校的决策者要眼里、心里明亮，不能让"用心的实干者"吃亏，这是一种导向与风气，事关教育事业的成功与否。

我让分管后勤、物业、餐厅人员的副校长定期给临时人员开会，表彰先进、

▶ 静听校园拔节的声音

进行培训，告知他们学校的诸多方面政策，把临时工当成学校一员，让他们也有单位归属感，从而激发其内心的积极性。干净的校园与走廊，上学、放学时通畅的校门口，餐厅可口的饭菜与服务，灯管坏了第一时间更换，宿管人员及时的热水供应与值班，教学楼清新的环境与干净的厕所……你会发现这些琐碎的工作都是不可或缺的，都是我们进行正常的教育教学的前提，少了他们，我们的核心工作无法正常开展。

很多的临时工作人员身上带着最朴实的劳动品质，是我们这些受过高等教育者身上所欠缺的，我们应用心发现、大力弘扬、真诚学习，将"用心""认真""不怕吃苦"这些朴素的品质融入血液，运用到我们的教育教学中。如此，我们的核心任务必定完成得更好。

第三辑　管理篇（俯下身子搞管理）

以身示范——中层干部的着力点

刚上任的初一级部主任小张这段时间有些吃不消，两个班的英语课，一个班的班主任，八个班的级部主任，又加上刚开学，工作量特别大。她的孩子今年上初三，正面临中考，所以她来我办公室"诉苦"的时候，我很理解。我建议她聘一名副班主任，代替她管理班级事务。但即使如此，她工作量也超出平常教师很多。我校六名级部主任（每个级部两名）中有五人兼任班主任，全体中层干部、四名副校长都上课，课时都达到正常课时量的2/3。干部以身示范，用实际行动诠释着"行为师范"。

在学校管理中，中层干部是中流砥柱，是学校的"智囊团"，是学校集体战斗力和向心力的核心。学校中层干部的整体实力与学校的稳定和发展有直接关系，这也是学校保持旺盛生命力和高效率的关键所在。这就要求我们在学校管理中要重视中层干部队伍建设，让其真正发挥中坚力量的作用。

队伍建设中中层的数量不宜多，可根据实际需要决定。个人认为学校中层以上干部数量不宜超过总人数的8%，6%~8%是合理区间，人太多会人浮于事，且无法保证干部素质及能力。基本的部门、科室全国范围内各学校大同小异，从管理的实效性上我很推崇北京21世纪国际学校的"项目化"管理，在不增加科室与干部的情况下，能让工作落地且解决得很好。诸如课题的管理、家校共建、研学实施、学生宿舍管理等都有项目负责人，这些人并不是中层干部，但在项目范围内中层干部都受其领导。

学校中层干部的分工一定要明确，这样能避免重复工作或者出现管理盲区。中层干部要清楚自己所担任的职责，明确自己的服务对象，工作时做到心中有

135

数、胸有成竹。分工不分家，各科室、各部门团结一致、通力合作，杜绝推诿扯皮。

中层队伍是学校管理中的中枢机关，是校长的左膀右臂。中层干部的能力是否能全部发挥出来，对学校各项工作的正常开展具有直接影响，对学校下达的任务能否高效完成具有重要作用。"用人如用器"，要想将其作用完全发挥出来，除了中层干部自身素质外，人员的合理搭配也非常重要。在人员搭配时，可以采取年龄错位配置、学科错位配置、男女错位配置、刚柔错位配置等方法。只要人力资源管理方法运用得当，干部的潜能挖掘就会充分，为教师服务也更到位。

实践是检验真理的唯一标准。提高中层干部能力最好的办法是将其放到合适的岗位上进行历练。在历练中，中层干部能不断提升个人修养，增强团队精神和责任感，提高思想境界，开拓自身事业，储备丰厚的理论知识和实践经验，并将这些管理技能灵活运用到实际工作中。同时，能在实践中培养其独立工作的能力，有机会独当一面。

中层干部工作的力量源于学校客观且公正的评价。评价工作的方式有很多种，常用的是岗位考核制度，因为考核能促进中层干部能力提高，使其充满干劲，全身心地投入工作。岗位考核不应该只对能力和绩效进行考核，还应该注重工作过程。考核的结果可作为评价、使用干部的依据。更迭时，动态转换、到期换届或轮岗。

因为学校工作的特殊性，中层干部更重要的能力与品质在于以身示范。想让教师奉献，我们先带头奉献；想让教师业务精湛，我们先成为业务领军人物；想让教师干满工作量，我们先超工作量。学校的管理不同于机关，更不同于工厂，"教育是一棵树摇动另一棵树，一朵云推动另一朵云，一个灵魂唤醒另一个灵魂"。师生间是如此，干部与教师间也是如此。"干部，干部，先干一步。"我在中层例会上经常这样说。

　　以身示范是我们工作的着力点，是我们安身立命之所在。中小学的中层干部更多的是榜样，起带动作用，不能指手画脚，更不能颐指气使。教师都是知识分子，有着明亮的眼睛，我们的水平、能力、品质如何，他们一目了然。教育家吴玉章说："我并无过人的特长，只是忠诚老实，不自欺欺人，想做一个以身作则来教育人的平常人。"愿我们都有如此朴实无华的心境，做一个以身作则来教育人的平常人。

▶ 静听校园拔节的声音

中学生核心素养落实途径多元化的研究与实践

中学生核心素养概念提出后,被置于深化课程改革、落实立德树人目标的基础地位。具体来看,核心素养要求学生具备适应终身发展和社会需要的必备品格和关键能力,突出强调学生的个人修养、社会关爱、家国情怀,更加注重学生的自主发展、合作参与、创新实践。

研究和培养学生核心素养既是落实国家"培养德智体美全面发展的社会主义建设者和接班人"教育方针的要求,又是提高学校教育教学质量的抓手与保障,两者是统一的、融合的。以核心素养中"学会学习"为例,我们在实际教学中反复强调学生要具备明确的学科观,并深入了解自己在某学科的优缺点,掌握学科学习事半功倍的效率方法,在初中毕业时,基本明确自己高中选课走班方向。这种素养的培养肯定对提高教育教学质量大有益处。当然,"学会学习"远不只学科学习这一方面,"窥斑知豹",核心素养与教育教学质量的统一性足以证明。

作为义务教育阶段的学校,我们通过哪些途径来培养学生核心素养呢?笔者认为,途径是多元的,是点面结合、整体推进的。

一、课堂教学是落实培养学生核心素养的主阵地

这一主阵地涉及教师、教材、教学方法三个核心问题,核心素养便是通过主阵地的三个因素得以渗透与培养的。

(1)注重教师的专业培训与成长。教师既是课堂的主导,又是课堂的主体。季羡林说:"没有人能将自己没有的东西教给别人。"这就要求教师具有培

养学生核心素养的意识与能力。一方面，要加强教师核心素养理念及知识的培训，使其成为备课、上课、教研、管理等教育行为的自我意识、自觉行动，渗透在教育教学的方方面面，杜绝生硬地、直白地告诉学生"要培养核心素养"；另一方面，在教师考核、评价体系中也要有所体现，"逼一下"对群体的大部分会有更显著效果。当然，对教师的培训、评价、考核是一项系统工程，这里只是一些条目性、方向性的表述。于漪老师讲："教育的生命力就在于教师的成长与发展，教师的真正成长与发展，在于教师内心的深度觉醒。"内心的深度觉醒靠自觉，不是靠"外铄"，不是靠重锤敲击。这需要教师善于学习，善于教学研究，并在学习研究过程中不断反思与成长，有了教师的素养提升，才能有学生的核心素养培养。

（2）要具有强烈的课程意识，注重课程建设。"教什么远比怎样教重要"，我们在落实国家课程的基础上，要构建起适合培养学生核心素养的校本课程。教师在及时了解学生需要和社会及科技发展最新成果的基础上，通过改编、补充等方式对预设的课程内容进行二次开发，对教材中的知识进行选择、重组、拓展、补充和整合；分学期进行基础性课程、拓展性课程，有具体的课程设计、课程实施办法、课程评价办法。具体来看，对课程的二次开发首先体现在教学的目标定位、教材处理要大气上，这就需要教师对整个教材知识体系了然于胸，能够提纲挈领地处理教材、组织教材，而不是被教材所束缚。其次，教学设计的环节不宜太多太细，应该是板块式、移动式的整体思考，不应拘泥于一些细小的环节而放不开来，而是现实需要的整体化教学主张，化碎片为整体、化低浅为深刻的深度教学。孟子说："先立乎其大者，则其小者弗能夺也。"这就是系统下的整体、统摄下的部分方面的课程观。

（3）教学方法是手段，是培养学生核心素养课堂效果、效率的保障。教与

▶ 静听校园拔节的声音

学是交织在一起的,不管先学后教、先教后学、边学边教、少教多学、少学多教等顺序、多少如何,都不可一概而论,我们不赞成搞统一的课堂模式,因为学科、课型、教师个人情况各不一样,"统一"很可能失去课堂生命力,"以学定教"才是教师为教的恪守。课堂教学的过程需要我们坚持教学相长,注重启发式、探究式教学;需要我们将备课、学情分析、课型研究、运用各种现代化教学手段等教学常规落到实处,讲清重难点、知识体系,引导学生主动思考、积极提问、自主探究,注意差异化教学和个别指导,开展研究型、项目化、合作式学习。课堂是我们自身学识、能力、态度甚至性格的呈现平台,久久为功、兢兢业业才有最终的学生素养的形成。

二、学校丰富多彩的"课堂外资源"是培养学生核心素养的重要渠道

(1)主题班会。主题班会是围绕一定主题举行的班级成员会议,组织的目的在于促进学生的自我教育、思想的转化和良好班风的形成。班会的主导可以是班主任、学生或家长。我校班会每周一节课,安排在学校办公例会后;班会主题按月为单位确定,学校安排一次、级部安排一次、班主任安排两次。主题班会重内容、轻形式,留存资料有痕迹但不过分要求,重效果、轻方式,班会可以围绕主题上成影视欣赏课。

(2)升旗仪式。升旗仪式是学校进行爱国主义教育、集体主义教育的重要手段。我校升旗仪式已经成为一门德育课程,按照《中华人民共和国国旗法》每周组织一次,根据学校实际工作固定主题,程序包括升国旗、奏唱国歌、学校领导或教师讲话、学生国旗下讲话、学生获奖或成绩表扬、学生集体宣誓等。学校通过日积月累的仪式增强学生面对国旗时的庄严感、国家认同感。

(3)共青团、学生会等组织建设。我校根据《中国共产主义青年团章程》

《中国共产主义青年团发展团员工作细则》严把程序与标准，积极推行"积分制"入团，成为入团积极分子、团的发展对象前都要进行积分和评议，以党建带团建，使团员成为党的坚定后备力量。学生会涉及三个级部，在团委的领导下成立和开展工作，学生会成员按一定程序、标准产生，多参与学校的日常管理，学校每日执勤、课间操检查、卫生值日及检查、自习纪律维护等工作。另外，学生会各部委也可在报批后独立开展活动。学生通过多种自我管理方式，锻炼能力、增长才干。

（4）社团活动。社团活动以学生的兴趣爱好为基础，给学生自由选择的权利，在活动过程中既培养能力，又陶冶情操。我们主要开设了足球、篮球、乒乓球、合唱、民乐、钢琴、乐队、舞蹈、朗诵、剪纸、美术、纸装、机器人、编程等二十余个。每周二、四下午是固定活动时间，各自有固定地点和指导老师，部分指导老师是外聘专家，这些都保证了社团活动的效果与质量。"给孩子们一个机会，他们会给我们一个惊喜。"我校社团活动成果与成绩令人欣喜，孩子们在此过程中的成长显而易见。

（5）各类艺体、节日活动。学校根据实际工作、各学科素养特点、上级部门要求等因素组织丰富多彩的校园活动，这些活动能释放孩子们的天性，更能直接培养孩子们某一方面的素质。我校固定的活动有春季运动会、秋季运动会、"奋斗吧，少年"元旦文艺晚会、"向上青春"纸装表演、书画大赛、励志拉练、开学仪式、毕业典礼等。各级部、各学科也会组织灵活多样的比赛或活动，这些都丰富了学生的校园生活，加强了他们之间的沟通，发挥了他们的创造潜能。

三、社会资源与舞台是培养学生核心素养的有益补充

（1）成立家长学校，加强家校共育。我们在办学的过程中逐渐发现：家长对学校教育教学的干预越来越多。这是一件尴尬的事，学校按照国家意志、学

> 静听校园拔节的声音

校实情办学,家长强烈的"主人翁"意识过分干预了这一过程。这些家长大体包括三种:一是部分"高知"家长,二是部分"对教育似懂非懂"家长,三是个别"自私"家长。建立家长学校,成立各班家长委员会,保持家校良好的沟通便显得尤为重要,"通则不痛",只有沟通好了,我们在培养孩子素养上才能形成合力。

我校家长学校、各班家委会是在充分调研、慎重决定的前提下成立的,从家长的文化知识层次、社会影响、家庭和谐等多方面考察。他们成为我们办学的支持和帮手,可以对学校餐厅、办学规范、卫生等方面进行监督,但不能按照自己的理解对教师指手画脚。学校在发挥家长对学校教育帮助的同时,对家长进行核心素养方面的教育,两者同生共长。

(2)积极参加社会实践。社会实践本身就是核心素养的组成部分,部分学校往往从安全角度、占用学习时间角度考虑,将这一渠道堵死。我校对此进行了积极的探索,效果令人满意。学校在充分考虑学生年龄特点、市区资源、安全风险、师资保障的基础上制定方案,主要组织了职业体验、劳动实践、公益助残三项,从初一到初二以级部为单位,按学期进行,并在课时上予以保证。职业体验由班主任、家长帮助指导,一般以两天为一期,前期方案制定、动员、联系岗位需要两周时间,体验地主要有交通指挥台、工厂、农场、餐厅、银行大厅等,以体力劳动为主,感受职业特点和生存压力。有条件的学生可独立成组,自己联系岗位,真正实现两天的独立生存。当然,学校更鼓励学生利用寒暑假参与社会专业机构组织的生存体验,这种方式更有针对性,职业感更强,学生体验感更深刻;劳动实践是按市局统一要求,在初二年级、固定地点完成,一般是农业劳动和家庭劳动,我们也根据学生兴趣增加了项目和体验点;助残及公益活动多以社团、家庭为单位组织开展,培养学生的责任担当、感恩奉献。

(3)鼓励学生参与研学活动。2016年12月,教育部、发改委等11部门出台《教育部等 11 部门关于推进中小学研学旅行的意见》，2017 年山东省教育厅等 12 部门出台《关于印发山东省推进中小学生研学旅行工作实施方案的通知》，鼓励学校按程序组织中小学研学活动。"读万卷书，行万里路。"经历是最好的教育，研学旅行能引导学生主动适应社会，促进书本知识与生活经验的深度融合，并在行走过程中感受祖国的大好河山，感受中华传统美德，感受世界各地风土人文。同时，研学过程能促进学生交流，提高他们的生活自理能力，强健体魄，坚强意志。我校根据学生意愿，每年寒暑假筛选部分学生参加，线路选择了文化氛围浓厚的北京、西安、洛阳、曲阜四条，每条线路都设置了研学课程，以保证效果。

核心素养落实途径多元化的探索与实践面向的是学生的终身发展，实施过程不分时间段，没有地域限制，"人人教育、事事教育、时时教育"才能最大限度地达到育人效果。

> 静听校园拔节的声音

转化"学困生"的方法研究

随着滨州市新城区建设，市里主要单位西迁，北中初中部成为老城区，原先生源优势不再，初一新生入学分班考试中三分之一的学生达不到及格线，优秀生占比达不到六分之一，这是我校近几年面临的突出性问题。一所学校教育教学质量的提高有三个关键因素：师资、生源、管理。鉴于此，研究对"学困生"的转化成为摆在学校面前刻不容缓的要务。

《礼记》中说道："善歌者，使人继其声；善教者，使人继其志。"要想调动学困生学习的积极性，达到转化的目的，教师必须"善歌""善教"。只有这样，才能使学生"继其声""继其志"。以下是笔者与广大教师共同的研究与实践。

一、创设和谐的课堂教学情境

课堂是转化学困生的主阵地，创设和谐的课堂教学情境是关键。要创建好的课堂教学情境，必须用心聆听学生心花盛开的声音，必须走进学生的心灵世界，精心呵护，使其免受伤害，主动地与其他学生平等对话，乐于学习，乐此不疲。

"养其根而俟其实，加其膏而希其光。根之茂者其实遂，膏之沃者其光晔。"爱是尊重教育的根，也是基础。对学生有无"爱的情感"，直接影响到教育行为的结果。教师要有"仁爱之心"，只有把学生的成长真正和自己从事的事业紧密相连时，才会产生爱的情感。著名特级教师斯霞将七十多年的教师生涯成功的真谛归结为"童心母爱"，热爱学生，应当永远以平和、友好、愉快和鼓励的方式对待学生。学生学习目的的模糊，以示明确；学习态度儿戏，给予端正；学习方法不佳，予以指导；纪律松弛，批评帮助；生活困难，予以资助；进步，鼓励；懈怠，鞭策；苦闷，开导……没有爱，就没有尊重；没有尊重，就没有教育。当我们心中有爱，我们就会"关怀备至地、深思熟虑地、小心翼翼地去触及年轻的心灵"。

为了创设和谐的课堂学习环境，我们应给学生以选择的机会。要让学生真正做学习的主人，我们就应该给他们充分的选择，因为人只有干他所能干的、愿意干的、想干的事时，才会表现出主动性和积极性。

二、教师的教育行为中要"眼中有人"

教师是学生学习活动的组织者和引领者，在这个过程中的一切言行要"眼中有人"，包括备课，要把学情充分考虑进去。教师与学生的交往是人格平等的，人格不平等的交往是依附、奴役、驱使、占有，那并不利于学生的学习与改变。

家长将孩子送到学校是为满足受教育的特殊需求，学生在学校中学习、生活也是为了满足自己成长和发展的需要。如果作为组织者的教师"眼中有人"，关心他们，了解他们的心理，采用有效的方式打动他们心灵，使他们心情愉快，感觉舒适和便利，使他们的正当的需要获得满足，那就意味着教育活动的成功，学困生转化就会成功。

学校教育教学的目的在于促进学生人性的和谐发展，为此教会他们自主终身学习是一个主要目标。灌输、训斥、体罚等机械的非人性化的方式无法适应这一目标。教育教学是学生高度参与互动的过程，要求教师发挥主导作用，才能高质量地完成这一过程。教师与学生在生命与生命间、碰撞和融合中建立平等和谐的关系，决定了教师作为组织者的姿态只能是人性化的，而不是居高临下的威压式的。

▶ 静听校园拔节的声音

三、宽容理解并尊重学生

陶行知先生说:"你的鞭子下有瓦特,你的冷眼中有牛顿,你的嘲笑中有爱迪生。"学生的心灵像一架多弦琴,其中有一根是和弦,只要找到它弹一下就会使其他的弦一起振起,发生共鸣。教师的任务就是发现"学困生"的那一根和弦,奏响他们内心深处的最强音。这就需要教师先要宽容、理解并尊重学生。宽容,指宽大有气度,不计较或不追究。对他人的宽容是处理人际关系,和谐人与人、人与环境的有效手段。

学困生不一定是坏学生。英国科学家麦克劳德上小学的时候曾偷偷地杀了校长家的狗,这在西方国家显然是难以原谅的错误。但麦克劳德遇到了一位高明的校长,惩罚是画出两张解剖图:狗的血液循环图和骨骼结构图。正是这个包含理解、宽容和善待心怀的"惩罚"使小麦克劳德爱上了生物学,并最终因发现胰岛素在治疗糖尿病中的作用而走上了诺贝尔奖的领奖台。

教师宽容、理解并尊重学生,走进学生的心灵世界,主动蹲下来与学生平等对话,寻找开启学生心门的钥匙。课堂是学生敞开心扉、吐露心声的场所,烦恼,痛苦,快乐……成长中的点点滴滴、酸甜苦辣,学生的兴趣、情感、个性、意愿、需要和追求等,都可以通过课堂表现出来。倘若老师冷眼旁观,甚至冷嘲热讽,又怎能听到并深切了解学生心底的声音呢?当然,走进学生的心灵,并非仅通过课堂被动了解,更要主动地深入学生,了解他们想要表达什么,能够表达什么,他们期待老师教给他们什么,他们需要怎样的指导帮助……当我们确切地知道学生喜欢做什么,能够做什么之后,我们的教学才能有的放矢,才能与学生的认知和情感体验相交融,才能与学生的兴趣和意愿相吻合,才能符合学生的知识经验基础,才能符合学生的心理发展特点,一句话,才能真正贴近学生。贴近了学生,他们的学习兴趣将得到最大限度的激发,智慧和潜能将得到最大限度的挖掘，创造力和个性将得到最大限度的施展，教学过程将真正成为教师和学生心与心交流、互动的过程。

四、有效的外部奖赏

教学中，教师常常运用一定的奖赏激发学生学习的积极性，但要注意实施奖赏时应遵循几个原则：

（1）奖赏要与"学困生"实际付出的努力相一致。所给的奖赏应使他们感到自己无愧于接受这种奖赏。如果对他们解决了一些过分容易的任务而奖赏，不仅不会提高他们的自信，反而会增加他们的自卑。

（2）奖赏要以精神鼓励为主，物质奖励为辅。"学困生"常常受人轻视或批评，所以他们真正需要的是教师的鼓励、微笑等社会性强化，而不是物质强化。

（3）注意惩罚方式的使用。惩罚是用不愉快的事件抑制或消除个体不适当行为的发生的一种外部激励方式。学生课堂随便讲话，教师批评可以抑制这种违纪行为的发生。但若惩罚不当，非但不能改正学生的错误行为，反而会强化。比如，教师对学生不交作业处以罚抄等惩罚，可能会引起学生对立的情绪，使他们更加痛恨作业。所以，教师对惩罚要有正确的认识和合理使用的方法。

五、改进考核评价方法，淡化竞争气氛

简单地以不理想的分数对学生的学业加以"判决"会直接挫伤学生学习的情绪与动机。在生源质量较差的情况下，特别是初一年级，教师在学生作业完成得不好时可暂不打分，直至在其改正错误后要再打个好分数。这种方法对学困生是可行的，尤其适合平时的测验。平时的测验是一种形成性评价，其目的是发现学生的学习问题，及时反馈纠正，而不是为了给他们贴标签。学习上

> 静听校园拔节的声音

的鼓励性评价也是转化学困生的有效途径，只要学生在原有基础上有所进步，就应给予一个好评价、一个好成绩。

通过改进考核评价方法，学生的精神面貌有了较大的改善。原先上课时，学困生总觉得自己是局外人，打瞌睡的、上课心不在焉的、一言不发的，统统不见了，代之以上课挺直身子，高举着手，抢着发言；原先看到教师提问赶紧低下头，生怕被老师叫到的情况少了。渐渐地，学生学习态度有了明显的好转，主动问问题的多了，作业独立完成的多了，主动额外练习的多了。

六、倡导学生间的合作学习

合作学习的环境强调教师与学生之间、学生与学生之间的互助与协作。在教学中，教师与学生不仅是师生关系，还是合作的伙伴关系。教师与学生在人格上是平等的。这种平等的人际关系有利于营造民主、和谐的学习氛围，激发学生积极学习的情绪。同学之间的互助与协作式学习，有利于帮助学困生改进学业。

我们采用了小组合作的方式。小组成员中优秀学生帮助学习上有困难的学生，教师则对小组合作学习情况给予重要的指导和帮助。各种原因导致了学困生的知识结构断层多，夹生情况多。针对他们的知识缺陷，我们采取由扶到放的方法，指导学困生在课前预习。一开始给出预习提纲，并进行必要的提示、指导，然后过渡到只布置预习内容，让学生自己读读、想想、算算、记记，进行一些尝试性练习，如在发生疑难的地方打上"？"，查工具书或请教别人，力求对学习的内容有初步的了解。学困生预习后，教师要及时检查预习情况：自学得怎么样？提出了哪些问题？暴露出哪些问题？对于那些与新知紧密联系的旧知而言，一定要他们理解、掌握，必需的技能要形成，必需的思想方法要领会。对于有关新知的疑问，教师要及时调整教学方案，确保合作学习的实效性。学困生经过及时查漏补缺，初步感知新知，能够与优生站在学习新知的同一起跑线上，树立合作探究的自信，增强合作学习的实力，使合作学习更有质量、更有成果。

七、心理咨询与指导

为做好学困生的转化工作，学校需要采取各种措施、利用各种方法融化学生心中的"坚冰"。我校开设固定的心理教育课程，有两名专任教师，根据实际情况定期开展专题讲座，使他们知晓自己的困难到底出在哪里，究竟是自身的问题还是外部的原因导致学习产生困难。实践证明，心理辅导的介入对学困生的转化积极有效，可以帮助心理上存在问题的学生从自卑的阴影中走出来，重新树立起"我能行""我是最棒的"等学习信念，以高涨的热情投入学习中。指导过程中应着重注意以下几方面的干预：

（1）引导学生坦然面对失败。学困生的自暴自弃往往是在失败的情境下产生的。失败的信息启动其适应不良动机模式，诱发消极的防御机制——避免失败。为了避免再次失败，他们索性采取退避行为，所以让学困生正确对待失败与鼓励他们取得成功同等重要。

（2）鼓励学生接受挑战性任务。著名的美国心理学家班杜拉给挑战性任务下了明确的定义，其是指有一定困难，但经过个人努力能够解决的任务，也就是学生"跳一跳能把果子摘下来"的任务（苏联心理学家维果茨基将之称为"最近发展区"）。如果教师一味让学生去应付低水平的任务，是不会提高他们的自信心的。过分容易的成功不具有强化的价值，而接受挑战性任务是一种进取性行为，对激发起学困生兴趣及积极性有显著功效。

（3）角色转换。学困生在集体里往往不受欢迎，处于被忽视的地位。这种角色地位深深影响他们的自尊自信，使他们对课堂学习和集体活动更为反感、

◉ 静听校园拔节的声音

敌对。因此，我们可以运用"角色转换"策略改进学困生的低动机、低期望。角色转换需要有一定的主客观条件配合，如学生本人是否有强烈要求改变自己现状的愿望，班级是否有积极上进的风气，等等。如果不具备这些条件，教育干预效果往往收效甚微。学校要创设条件，通过"角色转换"的方法，激活学生的学习动机，增强其自信心。

八、给予学生成功的体验及动力

要激发学困生的学习动机，从根本上说就是要增强他们的自我信念。其中有两个问题要解决，一是学困生觉得自己有没有能力完成学习任务，二是学困生的能力可不可以改变和提高。学困生由于经常性的学业失败而丧失自信，因此让他们获得学习成功的体验是十分重要的动机激发途径。可尝试以下几种途径：

（1）创设成功的机会。学困生常常过分夸大学习中的困难，过低估计自己的能力，这就需要教师为其创设成功的机会，让他们在学习活动中通过成功完成学习任务、解决困难来体验和认识自己的能力。事实上，大多数学习困难学生并不是门门学科成绩都差，他们也有学习不困难的学科。因此，教师应了解每一个学生的具体学习情况，尽可能地让他们在胜任的学科中充分体验和认识自己的能力。

（2）在自身进步中体验成功。要增强自信心、胜任感，个人就必须确立自我参照目标。这要求学生从自身变化中认识自己的能力。同自己的过去比，个人的进步能使学生获得成功的体验，增强自信心。因此，教师可帮助学生制定个人的奋斗的目标，并制定出落实目标的具体措施，让学生在实施过程中感受到自己的进步，正确认识自己的能力，改变他们对学习"无能为力"的心理状态。

（3）激发学生学习的动力。兴趣是个体积极探究某种事物或进行某种活动的倾向。学生的学习兴趣是推动其学习活动的内部动力因素。个体一旦对学生活动产生了兴趣，就能提高学习活动的效率。孔子早在两千多年前就提出："知之者不如好之者，好之者不如乐之者。"陶行知先生也说过："学生有了兴味，就肯用全副精神去做事，学与乐不可分。"可见，如何培养学生的学习兴趣是激发其内部学习动机的另一个重要途径。

九、树立成功的榜样

榜样在学生特别是学困生转化的过程中，具有无穷的力量。学校应充分挖掘学习成功者，特别是本校中成功者的榜样资源，采取不同形式的方法，向学生，特别是学困生宣传、推介。

（1）教师的榜样作用。教师的榜样能在学生中起到"润物细无声"的作用。小学生对教师也许百依百顺，甚至达到绝对崇拜的地步，但是到了中学，中学生也许就会用审视的眼光来判断一个教师。教师的一言一行会直接影响到学生。比如，教师对工作认真负责的态度，一口标准的普通话或流利的英语，一手漂亮优美的粉笔字或是一个潇洒的动作会在学生心灵深处留下深刻而美好的印象。一个热心、善于思考、充满自信的教师必能带动自己的学生热情自信，引导学生走向成功。相反，一个对人对事冷漠呆板的教师，一个不精于钻研业务的教师，一个没有自信心的教师，又怎能让自己的学生走向成功？因而，为师者应注重树立良好的形象，具备积极的性格特征和良好的思想品德，给学生以良好的影响和教育作用。

（2）学生的榜样示范。这里的榜样示范不是单纯学习优秀学生的示范，更多的是通过观察与自己能力相近的学生的行为来激发自信心。当一个人看到与自己水平非常接近的示范者取得成功，就会大大增强其自我信念，给自己也能

▶ 静听校园拔节的声音

完成同样的任务的心理暗示，从而产生长久的积极态度。

（3）历史人物、现实社会中优秀人士、小说或游戏中英雄人物的榜样示范。学困生肯定有自己崇拜或欣赏的偶像，只要教师能够帮助他们分析找出此人物的优点，从积极的一面对其进行引导，就能增强其信心，增加其学习的动力。

十、与家长联手，合力影响

在我们调查学困生产生的原因中，有二分之一以上显示是家庭原因造成的，其中家庭不和谐、家长陪护少、家长文化水平低三种情况占较大比重。家庭和教育对学困生的影响至关重要，学校与家庭应做到及时沟通、相互配合、协同"作战"。

（1）用家长会、家长学校、教师家访、"学校开放日"、发《家长手册》等形式引导和影响学生家长积极配合学校做好学困生的家庭教育工作，力求做到思想上重视，行动上见效，善始善终。

（2）家长是孩子的第一任教师。父母的一言一行对孩子都有着潜移默化的影响。父母要积极学习，研究科学的家教方法，多帮助鼓励和正面引导，少批评和讽刺，与教师共同努力，帮助学困生树立自信心，激发其"征服"学习困难的勇气和力量。

学习困难学生的有效转化是一所优质学校不可或缺的重要方面，虽然我们针对我校实际情况进行了积极的研究与实践，也取得了一些成效，但仍不能令人满意。"路曼曼其修远兮，吾将上下而求索。"我们会更加积极主动地工作，让每一位学生在"德智体美"方面都能得到健康的发展。

重视体育教育

我刚到初中部上班的第一个月做了几份调查，其中有一项是关于孩子体质的，结果很不乐观。全校 2 400 人中，近视率近 40%，呈随年级增长递增趋势；肥胖率偏高，20% 学生体重不合格，近 10% 属于肥胖；男生引体向上能做 5 个者，达不到 20%；初一、初二男生 1 000 米、女生 800 米优秀率达不到 50%，初三略好一些，能到 60%。照这样发展，不用说培养祖国建设者和人才，就是使其体格能满足繁重的学习任务都很难说，有少部分肥胖学生甚至连生活自理都会出现问题。

认识到问题的严重性后，我们立即行动。最先做的就是规范体育课与课间操。体育一周三节课，必须开足课时，除非有恶劣天气影响户外活动，否则一定上室外体育课。我们在考核中也定下规矩，严禁教师将体育课换成文化科目，如出现一例将视为教学事故，一学期出现两节，该体育教师考核定为末等。为规范体育课堂，我们对备课、课前点名、课堂内容、临下课前集合等多处细节进行了要求，避免体育课成为"放羊式"的自由活动，通过这些做法有效保证了体育课的效果与质量。除了体育课堂这个锻炼身体的主阵地外，我们还进一步规范了课间操，上午、下午各半小时，内容是跑步。我们的操场是 400 米跑道，初一 2 圈，初二、初三 3 圈，初三下学期有能力的学生自己再加圈。学校从跑操的集合速度、跑步速度、人数、整齐度、口号、领队、班主任跟跑等多方面进行要求与检查，以保证质量。对肥胖者单独组队，连跑带走能让他们达到 500 米。这支队伍的出现，对他们自我是一种激励与锻炼，对其他同学是一种警醒，提醒着同学们强身健体。

153

▶ 静听校园拔节的声音

体育课、课间操能保证全体学生的参与与提高。此外，我们成立起各类体育社团或兴趣小组，足球、篮球、排球、羽毛球、乒乓球、游泳等，特别是三大球，男、女队伍健全，并形成梯队发展。这些社团制度规范，开展活动频率高。足球积极对接国家政策，聘请了一名塞尔维亚籍教练执教。2018年1月26日，与北京市八一中学签署"校园足球友好学校"合作协议，为教练员培训交流、学生球员训练互访、参加国家级学生联赛等方面提供了更高层次的发展平台（图3-2）；篮球与市体校对接，聘请专业教练进行训练，并于2018年1月29日，与滨州永辉体育俱乐部签署体育人才培养深度合作协议，引入社会专业力量指导学生专业发展。2018年9月，学校被教育部批准为全国青少年校园足球"满天星"训练营，成功跻身国家级训练营行列；2019年暑假，学校成功承办全国"满天星"青少年校园足球夏令营第二营区（小学组）营训活动，这是学校跻身国家级足球训练营后首次承接国家级营训活动，球员分别来自北京市、天津市、山东省和河南省。

图 3-2　足球队到北京市八一中学学习交流

校园内经常性开展体育比赛、活动，渲染强健体魄的气氛，每年都组织田径运动会、"校长杯"足球联赛、班级篮球赛、拔河比赛、户外20公里拉练等大型体育赛事，并积极组织人员参加上级部门组织的体育赛事（图3-3）。

图3-3 校园秋季运动会

利用政策和机会，加大对体育的资金投入。专业体育教师、体育场地、体育器材要完全满足体育课、各类赛事的需要。这句话说好说，做难做，我们用了一年的时间才整改到位，完全满足。学校利用老校区改造工程的机会，对体育场地、器材进行了配置，在新餐厅一楼设置了1 500平方米的室内活动场，健身器材、乒乓台安装到位。学校利用国家、省市推动校园足球的机会，积极争取项目与资金，新装备笼式足球场2块，满足了足球训练及班级开设足球课的需求。

学校提出建设"科技型、运动型"特色学校的目标。科技型暂且不表，提出"运动型"的目的，一是改变师生体质，"野蛮其体魄"；二是让校园充满读书声的同时，也充满着呐喊声。校园不能死气沉沉，应是充满朝气与活力的。"运动型"不仅是学生运动，教师更应该运动。教师的工作是繁重的，压力也大，随年龄的增长，身体出现诸多问题，强健教师体魄势在必行。在这一点上，

155

▶ 静听校园拔节的声音

学校想法是"逼一下，逼着锻炼"效果会更好，如利用钉钉运动排行榜看步数；让教师每人报一项运动项目，学校充分挖掘教工自身教练资源或聘请教练满足教师训练需要；定期开放学校活动场地，为教工提供运动方便；积极组织、鼓励教工参加周末户外运动；等等。

经过几年的努力，我们欣喜地看到师生都动起来了，校园里活力满满。孩子们运动意识逐渐形成，体质明显改善。在发展体育的过程中，还收获了一些"副产品"。2018年1月，滨州市第一届校际围棋锦标赛中，学校围棋队登顶中学组团体第一名；8月，学校派出8支队伍参加市"八项体育赛事"，其中足球获得全市第四名，篮球获得全市第五名，排球获得全市第三名，游泳比赛中获得3个第一名、2个第二名、2个第三名的优异成绩，均创造了各赛事的历史最好成绩。在滨州市2019年中小学生体育联赛中，女子篮球队获全市第三名、男子篮球队获全市第四名；2019年，男子篮球队代表滨州市参赛，获得2019年山东省"中国体育彩票杯"篮球冠军赛第六名，这也是迄今滨州市初中学校取得的最好成绩。2019年，全市"市长杯"校园足球联赛，我校男子足球队获得亚军，创造了该项比赛的历史最好成绩。

另外，就2019年中考成绩来看，学校总成绩优异，高中上线率、上线人数均列全市前列，体育中考的平均成绩比第二名高近3分（中考满分50分）。可以说，我们在抓孩子体质的同时，并没有顾此失彼，一直在践行"德智体美"相互促进、相辅相成。

中国现代著名教育家张伯苓曾言："不懂体育者，不可以当校长。""强国必先强种，强种必先强身。"这些道理到现在都有其现实意义。我们作为新时代的教育者，更应学习、接受这些理论，利用好政策和现实资源，开创性地开展工作，"文明其行为"的同时，"野蛮其体魄"。

后 记

这本书其实是被"逼"出来的。2019 年,笔者入选市里的"三名工程"人选,要完成的任务清单里有一项可自选的"专著"任务。于是,笔者萌生了将自己几年来写的一些文字整理出版的想法。静下心来对最近几年的讲话稿、随笔和论文进行整理,本身也是一种再思考、再学习,所以书中有大量的文章是个人的学习体会和学校讲话,有些是基于学校现实情况进行的改革实践,也算是对"理论联系实际"的践行吧。

转眼之间,笔者已有 20 多年的教龄,从最初的稚嫩、充满激情到现在的沉稳、充满智慧,跌跌撞撞一路走来,在培育他人的同时成长了自我。无论上课还是管理,笔者始终坚持"两手抓,两手都要硬"的原则:一手抓学生思考问题的思维方式,积极引导其用科学理性的思维方式去思考问题,感悟生活与学会生活;另一手抓学生日常学习,课堂、课下双管齐下,让学生能够考出一个理想的分数。因为现实给我的经验是只有分数,孩子们走不远;没有分数,孩子们没有平台。

创新在教育管理中发挥着重要作用。20 多年来,经历了一系列的教育教学改革,但无论怎么改,笔者始终认为,教师一定要坚持本色,牢记初心,在工作实践中学会借鉴和批判,掌握开放和集中,明确冲突和融合,不要随风而动。教育教学的方法、方向、课程内容会随着时代发展而变迁,但教育需要遵循的原则、道理不会变。这就需要我们有学习精神、反思精神和判断能力。